Bayerischer Landwirtschaftsverlag

SIEGFRIED STEIN
Miniteiche & Wasserspiele
Gestalten · Bepflanzen · Pflegen

Was Sie in diesem Buch finden

Ein Stück Natur gleich nebenan

Miniteiche in Gefäßen

Als Gefäße für den Minigarten können alte und neue Behältnisse dienen, die es in großer Auswahl in Gartencentern und Baumärkten gibt, originelle Stücke finden sich auch im entsprechenden Kunsthandel.

Holzfässer

Mit dem Bepflanzen alter oder halbierter Whiskyfässer begann das Gärtnern im Miniteich. Noch heute sind es originelle und viel verwendete Gefäße mit rustikalem Aussehen. Auch Gurkenfässer, Waschzuber und Heringsfässer werden für diesen Zweck angeboten. Weil sie meist nicht mehr vollständig dicht sind und eventuell auch Schadstoffe abgeben, sollten solche Gefäße immer mit Teichfolie ausgekleidet werden. Das gilt auch für Terrassenteiche und Pflanzkästen aus Holz, die dann gut brauchbar sind und sich in bestehende Systeme auf Terrassen oder Dachgärten einpassen.

Zinkwannen und Eimer

Gefäße aus Zink sind preisgünstig, leicht und gelten als schick. Das gilt für Regenrinnen als Mini-Pflanzgefäße genau so wie für Eimer und Kannen in allen Größen. Allerdings sind sie oft mit der heißen Nadel gestrickt und leiden beim Transport. Prüfen Sie daher vor dem Bepflanzen,

Einfach, interessant und pflegeleicht: Eine formschöne Schale und etwas Wassersalat genügen, um diesen attraktiven Hingucker abzugeben.

Auf ländlichen Märkten gibt es noch Wannen aus Zink zu kaufen. Die dauerhaften Gefäße ergeben einen originellen Miniteich.

ob sie wirklich kein Wasser abgeben und dichten Sie gegebenenfalls mit Silikon ab. Viehtränken aus Zink sind in der Landwirtschaft gebräuchlich und dort günstig zu erstehen. Auch ausgediente Badewannen finden als originelle Behälter noch eine interessante Verwendung, in denen sich schon ein größerer Miniteich anlegen lässt.

Keramik

Gefäße und Schalen aus Ton und Steingut sind sehr beliebt. Sie sind absolut wasserdicht, aber nicht frostbeständig, denn Ton nimmt Feuchtigkeit auf. Damit sie nicht zerspringen, müssen die Gefäße über Winter entleert und frostfrei gelagert werden. Soll daraus ein Miniteich entstehen, sollten sie mindestens auf einer Seite glasiert sein, sonst dringt Wasser durch den porösen Ton. Typisch für Gefäße im asiatischen Stil (Thaikeramik) sind gedeckte, bräunlichgrüne Farben. Wer tropische Wasserpflanzen kultivieren will, findet damit das passende Ambiente. Längst ist die Erzeugung preisgünstiger Keramik nach Asien, speziell Thailand, Vietnam und China abgewandert.

TIPP

Leider bilden sich auf ungeschützten Tonflächen bald hässliche Kalkausblühungen, auf denen sich anschließend Algen ansiedeln. Wer eher saubere Gefäße bevorzugt, kann die Verkrustungen durch Versenken der Gefäße für 1–2 Wochen im weichen Wasser des Gartenteichs lösen. Danach genügt leichtes Schrubben.

Der Wasserspucker verträgt sich mit Wasserhyazinthen und Wassersalat. Seerosen würden jedoch unter der Berieselung leiden.

Ein Minigarten auf der Terrasse: Hübsch gruppierte Schalen und Keramiktöpfe mit üppigen Wasserpflanzen, die über viele Monate prächtig blühen.

Kunststoffgefäße

Gefäße aus Kunststoff kann man zum Teil äußerlich kaum noch von Terrakotta unterscheiden. Weil sie keine Überwinterungsprobleme kennen und wesentlich leichter und bruchsicher sind, ist ihre Verwendung nicht nur eine Geschmacksfrage, sondern es ergeben sich handfeste praktische Vorteile, die den oft höheren Preis rechtfertigen.

Amphoren

Ein beliebtes Stilmittel in Wassergärten sind Amphoren. Allerdings sind die aus Griechenland, Spanien oder Kleinasien importierten gebrauchten Öl- oder Weinfässer empfindlich gegen winterliche Nässe und Kälte. Sie müssen entleert und frostfrei gelagert werden. Im Handel gibt es neu hergestellte Ware aus Ton oder Steinzeug, die glasiert ist, damit wasserdicht und den Winter über entleert im Freien verbringen kann.

Damit sie an eine Zuleitung (Spiralschlauch) angeschlosen werden kann, ist im Boden der irdenen Amphore ein größeres Loch vonnöten. Ein dicker Bohrer würde aber das Gefäß zum Platzen bringen, setzen Sie deshalb zunächst mit feineren Bohrern mehrere Löcher nebeneinander und stoßen Sie dann den Rest durch. Nach dem Einführen des Schlauches wird mit Silikon abgedichtet.

Im Gartenfachhandel gibt es auch Amphoren aus Kunststoff mit fertigen Anschlüssen für die nötigen Zuleitungen.

● Maurerkübel aus Kunststoff und andere Gefäße erhalten durch das Einhüllen in Strohmatten ein rustikales Aussehen.

● Diese Amphore beherbergt in ihrem Inneren einen kleinen Wassergarten. Modelle aus Kunststoff haben bereits fertige Wasseranschlüsse.

Steintröge

Natursteintröge sind besonders schön und oft Unikate, die man gelegentlich noch auf Bauernhöfen finden kann. Früher wurde darin das Vieh getränkt, heute zieren diese Sammlerstücke so manchen Garten. Weil sie aus einem Steinblock gehauen werden, sind auch die neu hergestellten teuer und schwer zu transportieren. Man kann die größeren von ihnen in der Regel nur auf Rollen an ihren endgültigen Gartenplatz bewegen. Meist sind sie so stabil, dass ihnen sogar der winterliche Eisdruck nicht schaden kann.

Feenteiche mit Neblern

Mystische Elemente und Motive aus Harry Potters Fabelwelt haben im Bereich Wassergarten viele Liebhaber gefunden. Manchen Gartenbesitzern mag es schwer fallen, an Märchenfiguren wie zarten Elfen, schmucken Rosenköniginnen oder furchterregenden Drachen Gefallen zu finden. Doch haben sich diese verbreitet und schmücken inzwischen zahlreiche Wassergärten. Wer Kinder oder Enkelkinder hat, kommt ohnehin nicht drum herum, die Gartenzwerge von früher gegen Saurier, Froschkönige und geheimnisvolle Trolle oder Wasserspucker einzutauschen.

Besonderen Anteil am Märchenzauber haben Nebler, die es in zahlreichen Variationen gibt. Die kleineren werden stationär zwischen Stauden eingebaut, größere können auf der Wasseroberfläche schwimmen und werden über eine Fernbedienung gesteuert. Die unscheinbaren Geräte (z.B. von Ubbink, Gardena oder Heissner) verbrauchen nur wenig Strom. Sie erzeugen elektrische Schwingungen im für den Menschen nicht wahrnehmbaren Ultraschallbereich und zerstäuben mit Hilfe von Membranen Wasser zu feinstem Nebel, der in Schwaden auf malerische Weise über Miniteiche oder Wasserspiele zieht. Die Wasserwolken erhöhen die Luftfeuchtigkeit beträchtlich, weshalb sie schon seit geraumer Zeit in Räumen im Zusammenhang mit Zimmerbrunnen Mode sind. Luftfeuchte steigert das Wohlbefinden und beugt Erkältungen vor.

TIPP

Die originelle Form verlockt dazu, Amphoren als kleine Wasserspiele oder »Quellen« für Bachläufe zu verwenden.

Liebenswerte Zauberwelten mit Nymphen und Elfenfiguren sind im Zeitalter von Harry Potter sehr gefragt, nicht nur bei Kindern.

Eine passende Wasserlandschaft mit Bachläufen, Wasserfällen oder einem kleinen See können Sie leicht aus Teichfolie schaffen oder dafür einen Fertigteich nutzen. Achten Sie auf einen flachen Wasserstand, damit Kinder ungefährdet bleiben. Interessante Möglichkeiten ergeben sich durch Fernbedienungen, mit denen sich die Aktivitäten der Nebler und Figuren steuern lassen. Farbscheiben auf den verwendeten Pumpen zaubern auf Springbrunnen oder in Wasserfällen bei Dunkelheit geheimnisvolle, stimmungsvolle Effekte. Mit Hilfe von Zeitschaltuhren, Dimmern und Lampen in der LED-Technik können Sie dafür sorgen, dass sich dabei die Kosten für Strom in Grenzen halten. Wichtig: Mindestens einmal pro Saison sollten Sie die Geräte reinigen, von Algenwuchs befreien oder vorbeugend dem Wasserumlauf Algen hemmende Mittel beifügen.

Betonringe

Die etwas grob wirkenden Betonringe kann man in mehreren Größen und Höhen im Baustoffhandel zu geringen Kosten erwerben. Sie lassen sich aufeinander stapeln, so dass man damit schnell größere Tiefen erreichen kann. Wegen ihres Gewichtes bewegt man sie am besten per Bagger. Betonringe sind mit ihren senkrechten Wänden besonders stark dem Frost ausgesetzt und reißen häufig. Reparaturen sind meist wenig Erfolg versprechend, deshalb beugt man besser vor und kleidet alles mit Folie aus. Das erspart auch das Abdichten nach unten. Findet keine Folie Verwendung, müssen Sie den Teichgrund mit einer etwa 15 cm dicken Betonschicht versehen, die durch Zugabe von Dichtungsmitteln oder durch zweimaliges Ausstreichen mit einer Dichtungsschlämme wasserdicht wird.

● Sehr gut lassen sich Pflanztröge aus Beton oder Eternit in blühende Sumpflandschaften verwandeln.

● Tröge aus federleichtem Felsdekor sind auf Dachterrassen kein Problem.

Bei allen Arbeiten mit Beton werden die Oberflächen zum Schluss mit einer essigsauren Lösung gereinigt, um Kalkreste zu neutralisieren und zu entfernen. Gilt es, Frostrisse abzudichten, kann man Schnellzement verwenden oder das weniger lange haltbare Silikon.

Steinlandschaften aus »Felsdekor«

Kleine und größere Felslandschaften sehen dramatisch aus, besonders dann, wenn man sie am Abend beleuchtet. Würden Sie hierfür echtes Gestein verwenden, wäre manche Terrasse und fast jeder Dachgarten mit der Last überfordert. Zum Glück gibt es mit »Felsdekor« eine nahezu federleichte Alternative in vielen Ausführungen und mit integrierten Anschlüssen für die Technik. Tragendes Element ist jeweils eine Kunststoffhaut, der natürliche Steine als Vorlage dienten. Am Schluss der Fertigung wird die Unterlage mit Steinmehl so perfekt eingestäubt, dass eine Unterscheidung zum Original kaum möglich ist. Selbst feinste Unebenheiten und Risse werden auf diese Weise übertragen. Interessant für Terrassen, Dachgärten und Balkone sind auch Kombinationen mit Wasserspielen sowie Fels-Elemente, in deren Innerem sich auf elegante Weise Steckdosen und Kabel verbergen lassen. Die künstlichen Felsen sind frostbeständig und sehr dauerhaft. Sie lassen sich nach natürlichen Vorbildern in jeder Größe erstellen, nicht nur in Serie, sondern auch individuell für anspruchsvolle Gartenanlagen im Landschaftsbau, sogar für Badelandschaften und im Wohnbereich.

Aus Natursteinen gemauert ist dieser formschöne Eckteich mit Wasserfall. Dichtungsmittel machen Boden und Wände wasserundurchlässig.

Kleine Fertigteiche

Wer wenig Platz zur Verfügung hat, auf funktionierende, altbewährte Lösungen Wert legt und in kurzer Zeit eine schöne Mini-Teichlandschaft erstellen möchte, ist mit einem Fertigteich gut bedient. Auch in schwierigem, z.B. felsigem Gelände hilft die fertige Lösung aus dem Gartencenter oder Baumarkt weiter. Sogar auf einer Terrasse oder im Dachgarten lässt sich mit Fertigteichen eine Wasserlandschaft gestalten. Es gehört nur etwas Fantasie und eine geschmackvolle Verkleidung dieses ungewöhnlichen »Hochbeetes« dazu.

Fertigteiche gibt es im wesentlichen aus zwei Materialien: Polyethylen (PE) und Glasfaserverstärkter Kunststoff (GFK) ergeben im Tiefziehverfahren stabile, leichte und gut zu transportierende Teiche, die ganz besonders für kleinere Anlagen geeignet sind. Bei der Form hat man die Auswahl zwischen rechteckig, rund und nierenförmig. Auch eingearbeitete Pflanzbuchten und Modelle mit verschiedenen Tiefen sind heutzutage im Angebot.

Die meisten Fertigteiche verfügen über unterschiedlich tiefe **Pflanzebenen** für Wasserpflanzen aus allen Wachstumsbereichen, oft auch über den sogenannten **Sumpfrand**, eine 15–20 cm tiefe muldenförmige Zone für Pflanzen aus dem Uferbereich. Zieht man einmal um, wird der Fertigteich einfach mitgenommen. Er lässt sich bequem entleeren, herausnehmen

Gefällige, abgerundete Formen gewährleisten, dass sich der Fertigteich später gut in die Pflanzung einfügt. Die Ränder werden bald überwachsen.

Vorgeprägte Zonen für den Uferrand sowie unterschiedlich tiefe Pflanzebenen erleichtern das Gestalten erheblich.

und wieder einsetzen oder, solange die Kinder klein sind, zunächst als Sandkiste nutzen.

Pflanzvorschläge werden meistens gleich mitgeliefert. Die Ränder sollten möglichst nicht glatt sein, sondern gewelltes Profil besitzen, so dass sich Schwebstoffe ablagern und versehentlich ins Wasser gefallene Tiere leicht wieder befreien können. Geschickt angeordnete Steine und Pflanzen mit überhängendem Wuchs verbergen unschöne Teichränder.

TIPP

Empfehlenswert sind Böschungstaschen aus Jute, um Ränder zu überdecken und an steilen Stellen Pflanzen anzusiedeln. Sie sind ähnlich wie Säcke genäht und werden am Ufer verankert. Mit torfhaltiger Erde von grober Struktur gefüllt und anschließend bepflanzt, verschönern sie sogar nachträglich bereits existierende Ränder von Fertig- und Folienteichen.

Vom richtigen Einbau

Markieren Sie zunächst die Umrisse des Teiches mit Pflöcken und heben Sie die Teichgrube aus. Wichtig ist das Nachmessen mit dem Zollstock und vielleicht auch ein Einpassen zur Probe, damit später auch alles in der Waagerechten liegt. Auf felsigem und schwierigem Gelände erhält die Teichsohle eine 10 cm starke Sandschicht zum Schutz gegen Verletzungen.

Beim Einpassen ist genaues Arbeiten mit der Wasserwaage notwendig, denn ein schief eingebauter Fertigteich ist und bleibt ein Ärgernis. Füllen Sie deshalb zunächst nur ein Viertel der nötigen Wassermenge ein, um bei Bedarf noch nachrichten zu können. Festen Halt erhält der Fertigteich durch Sand, den Sie zwischen Teichschale und Boden füllen und mit Wasser einschlämmen. Danach können Sie den Uferrand gestalten und bepflanzen.

Zwischen Teichrand und gewachsenem Boden verhindert gestopfter und eingeschlämmter Sand ein Abrutschen der Teichschale zur Seite. Erst danach wird in Körbe oder vorgefertigte Mulden gepflanzt und das restliche Wasser aufgefüllt. Erste Wahl sind bei der Bepflanzung bodendeckende Pflanzen, aber auch winterharte Ziergräser lassen die Ränder bald verschwinden.

Von den Teichrändern ist nur noch wenig zu erkennen. Sie werden bald überwachsen sein, das hübsche Pfennigkraut ist dafür besonders gut geeignet.

Folienteiche

Die weitaus meisten Teiche werden mit Gartenteichfolie gestaltet. Der eigenen Kreativität sind dabei keine Grenzen gesetzt: Ob Fischteich, Sumpflandschaft oder Miniteich – mit Folie ist alles möglich. Doch Folie ist nicht gleich Folie. Meiden Sie helle Folien, denn sie bieten weit bessere Lebensbedingungen für Algenwuchs als das übliche Schwarz oder Oliv. Dunkle Farben vermitteln dem Betrachter den Eindruck der Tiefe, helle passen sich der Umgebung an.

Nicht gerade preisgünstig, dafür aber besonders umweltfreundlich und ohne schädliche Rückstände zu verbrennen, ist die synthetisch hergestellte Kautschuk-Folie (EPDM). Sie ist besonders elastisch und belastbar und kann sogar noch bei Frost verlegt werden.

Die meisten Teichfolien bestehen jedoch aus Polyvinyl-Chlorid (PVC), einem stabilen, anschmiegsamen Material, das sich auch unter Lichteinwirkung kaum verändert. Bei Umweltschützern ist PVC wegen möglicher Rückstände bei der späteren Entsorgung nicht gut angeschrieben. Untersuchungen zeigen jedoch, dass PVC-Folien keine umweltschädigende

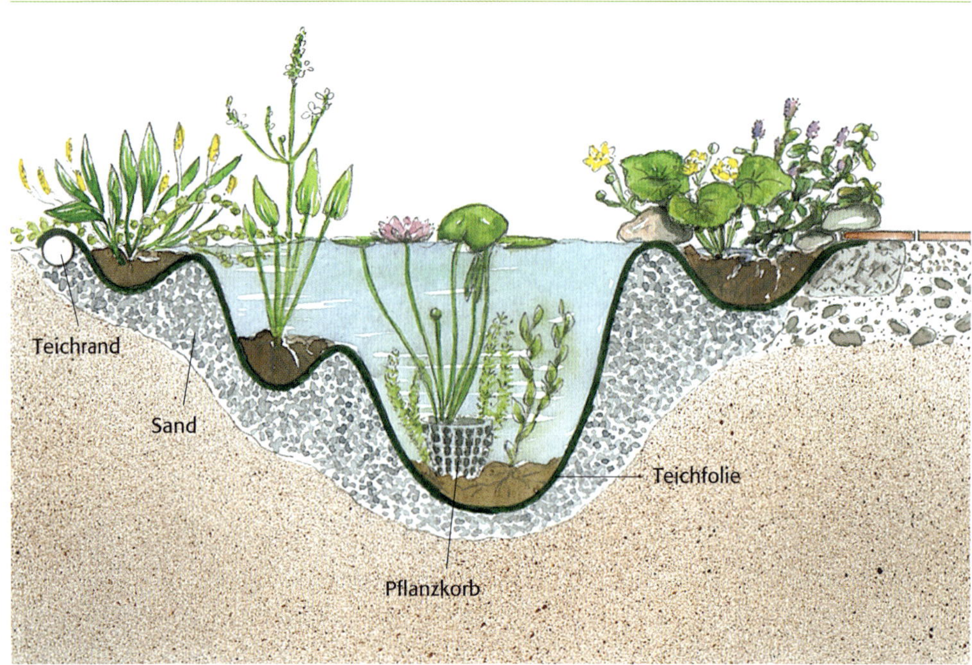

● Kleine Folienteiche mit abgestuften Modellierungen bieten vielfältigsten Pflanzengesellschaften Lebensraum und sind auch bei wenig Platz gut zu realisieren.

Wirkung auf den Untergrund oder den Artenreichtum des Biotops haben. Eine Alternative bilden Polyethylen-Folien (PE). Diese Materialien gibt es inzwischen auch mit besserer Lichtverträglichkeit und ausreichender Elastizität.

Bau eines Folienteiches

Für kleine Teiche mit Sanduntergrund oder Vlies gegen spitze Steine ist eine Folienstärke von 0,5 mm völlig ausreichend. Markieren Sie auch für einen kleinen Teich die Umrissform und beginnen Sie dann mit dem Ausschachten der Teichmulde, wobei neben dem wertvollen Oberboden aus den belebten oberen 30 cm auch Erdmassen aus dem Untergrund frei werden. Fahren Sie diesen Boden nicht zur Deponie, denn er eignet sich hervorragend dazu, Bewegung in die umgebende Gartenlandschaft zu bringen, was nicht nur das entstehende Biotop schützt sondern auch eine abwechselungsreiche Gestaltung ermöglicht. Nährstoffarmer, unbelebter Boden aus tiefen Schichten eignet sich zudem gut als Teichgrund für Wasserpflanzen. Es versteht sich von selbst, dass der Teichboden vor dem Auslegen der Folie völlig frei von spitzen Steinen, Wurzeln und Scherben sein muss, die bei hohem Wasserdruck die Folie beschädigen können. Um ganz sicherzugehen, wird die Teichsohle mit einer gleichmäßigen, etwa 10 cm starken Schicht Sand oder sehr feinem Kies abgedeckt.

Auch der später eingefüllte Teichgrund vermindert die vorgesehene Wassertiefe, so dass etwa 20 cm Zugabe nach allen Richtungen nicht zuviel sind.

TIPP

Wühlmäuse können zu einer ernsten Gefahr werden, wenn sie sich durch die Folie fressen. Vorbeugend schützt ein unter die Folie gelegter kunststoffummantelter Maschendraht.

Besonderheiten bei Folienteichen

Das Teichprofil soll zwar sanft modelliert sein, aber terrassenförmig abfallen. Damit entstehen Pflanzzonen in 10–20 cm, 40 cm und größerer Tiefe, auf denen später Körbe mit Wasserpflan-

Damit die Folie nicht zu sehen ist, werden am Rand dieses Teiches Kantensteine vorgemauert.

zen Platz finden. Auf schrägen, glatten Flächen geraten Körbe und Erde ins Trudeln. Steilwände von mehr als 45 Grad sind ungünstig, weil die Folie hier ständig unter Spannung steht, was die Haltbarkeit beeinträchtigt.

Weil sich die Erde in der Regel noch etwas setzt oder durch Betreten verdichtet, ist das Garantieren einer gleichmäßigen Höhe an den Rändern wichtig. Umlaufende Kantensteine, oben abgerundet, über die man später die Folie zieht, haben sich hier besonders gut bewährt. An ihnen lässt sich auch die richtige Höhe einnivellieren.

Paradies auf kleinstem Raum. Eine Pergola verleiht der kleinen Wasserlandschaft intimes Raumgefühl. Neben dem Sitzplatz ist noch Platz für Bachlauf, Wasserfall und Teich.

Für kleine Teiche reichen eine lange, gerade Latte oder eine sehr straff gespannte Schnur, eine Metallschiene und eine Wasserwaage aus, um einen gleichmäßig hohen Teichrand zu erhalten. Pflöcke mit darauf genagelten Brettern zur Höhenmarkierung helfen zusätzlich, Höhenunterschiede am Teichrand zu vermeiden und so einen natürlichen Teich zu realisieren.

Für das Ausbreiten der Folie holen Sie sich am besten Hilfskräfte, was sich auch bei der Anlage kleinster Teiche bewährt. Falten werden – so gut es geht – geglättet, lassen sich aber nie völlig vermeiden. Nun befestigen Sie die Folie provisorisch mit Steinen an den Rändern und bringen dann nährstoffarme, möglichst sandig-lehmige Erde ohne jeden Dünger oder Kompost als Teichgrund aus, um darin Wasserpflanzen einzusetzen.

Wollen Sie Ihre Pflanzen nicht direkt einpflanzen, kann für den Teichgrund auch grober Kies ausgelegt werden, denn durch den Abbau organischer Substanz aus Pflanzen oder Tieren sammeln sich immer Schwebstoffe an. In diesem Fall werden sämtliche Pflanzen in Gitterkörben untergebracht.

Vorsichtig wird nun Leitungswasser eingefüllt. Damit Sie eventuelle Falten und Unebenheiten noch ausgleichen können, sollten Sie den Teich zunächst nur zu etwa einem Viertel füllen. Der

Wasserdruck sorgt dafür, dass sich die Folie allen Unebenheiten anpasst und sich an die Teichform anschmiegt.

Bei nur teilweiser Füllung wird nun auch gepflanzt, wobei sich die Erde noch etwas setzt. Jetzt bewähren sich ausgesparte Mulden und Terrassen, in denen Uferpflanzen Platz und Halt finden können.

TIPP

Sehr gut sieht es aus, wenn der Teichboden, besonders um die Pflanzstellen herum, mit rundem weißem Kies abgedeckt wird. Der Kies verhindert gleichzeitig das Aufschwimmen von Pflanzen und Erde.

Aufgeschichtete Natursteinplatten verbergen den Wasserzulauf (Schlauch oder Wasserrohr) und verleihen der kleinen Bachlandschaft ein sehr natürliches Aussehen. Je höher der Abstand zwischen ihnen, desto malerischer fällt das Wasser herab.

Hochteiche

Auge in Auge mit Seerosen, Seekanne und Wasserähre und auf gleicher Höhe mit der Wasseroberfläche zu sein, hat einen besonderen Reiz, den man meist nur im Schwimmteich genießen kann. Außer, man besitzt einen Hochteich. Dann kann man sogar bequem beim Sitzen beobachten, was die Fische und anderes Wassergetier treiben. So wie ein Hochbeet voller Gemüse ohne Bücken bearbeitet werden kann, lässt sich das Innere einer solchen Konstruktion auch mit Teichfolie auskleiden und als Teich gestalten.

Damit Ihr Hochteich durch den enormen Wasserdruck nicht auseinander bricht, werden die Bohlen an den vier Ecken entweder mit langen Schrauben durchbohrt und verschraubt oder jeweils mit Holzdübeln ineinandergepasst.

Im selbst gebauten Hochteich haben sich Seerosen und Iris üppig entwickelt.

Günstig ist es, für die oberste Bohle Abmessungen zu wählen (z. B. 30 × 6 cm), die es erlauben, bequem auf dem Rand des Hochteiches zu sitzen und Fauna und Flora zu beobachten.

Liegt Ihr Garten an einem Hang, bietet es sich an, den Teich ebenerdig an die Terrasse anzubinden und das Gefälle mit Hilfe der Holz- oder Steinkonstruktion abzufangen. Bringt man darin einen stabilen Fertigteich unter, kann die Verblendung schwächer ausfallen als bei einer Folienkonstruktion. Diese Kombination aus Fertigteich und Holzverkleidung eignet sich auch hervorragend für Terrassen mit Stein- oder Betonböden, die sehr gute Standfestigkeit gewährleisten. Stützen Sie jedoch Ihren Teich mit Hilfe von Holzklötzchen und Sand im Inneren des Hochbeetes ab, damit besonders dann, wenn Sie einen Teich mit mehreren Ebenen wählen, nichts verrutschen kann.

Mit Hilfe kleiner Gehölze, Stauden und Sommerblumen ringsum entsteht dann im Nu ein Minigarten mit Miniteich.

TIPP

Hochteiche kann man fertig im Versand beziehen aber auch kastenförmig aus stabilen Holzbohlen (10 × 10 cm oder 8 × 12 cm) selber bauen oder mauern.

Die Teichtechnik

Ob man sich der vielfältigen Hilfen der Industrie bedient, ist Geschmackssache. Auf jeden Fall steht fest, dass sich durch den Einsatz von Technik Wasser noch eindrucksvoller inszenieren lässt – sei es durch die Installation von Wasserspielen oder Lichtelementen.

Elektrischer Strom und Wasser – eine gefährliche Kombination

Pumpen, Wasserspiele, Lichtilluminationen – sie alle benötigen in der Regel elektrischen Strom, um zu funktionieren. Es gibt verschiedene Möglichkeiten, Strom einzusetzen:

- Außensteckdosen vereinfachen vieles, vor allem in weitläufigen Gärten. Sie sind jedoch auf Dauer anfällig gegen Kriechströme (z. B. bei hoher Luftfeuchtigkeit) und Störungen. Versuchen Sie deshalb, sich auf Außenanschlüsse am Haus zu beschränken.
- Für viele Geräte, Pumpen und für die Teichbeleuchtung kommt man mit ungefährlicher Niedervoltspanung (12 V, 24 V) zurecht. Trafos reduzieren die Netzspannung schon an der Steckdose.
- Auch Solarstrom arbeitet im ungefährlichen Bereich.
- Ist eine höhere Leistung (220/240 V) erforderlich, schalten Sie unbedingt einen Fachmann ein, der sowohl spritzwassergeschützte Außensteckdosen sicher verlegen als auch für die direkten Stromanschlüsse mit Schutzschalter verantwortlich zeichnen darf.
- Strom in Verbindung mit Wasser ist gefährlich. Deshalb ist unbedingt die Absicherung mit einem sensiblen FI-Schalter erforderlich (kann man auch zwischen Steckdose und Gerät stecken). Er schaltet die Anlage schon bei geringster Fehlerstrommeldung in kürzester Frist ab und verhindert auf diese Art weitere Schäden.

Wählen Sie jeweils das nächstgrößere Pumpenmodell, dann sind noch Reserven für weitere Düsen, Filter oder mögliche Erweiterungen vorhanden. Dies betrifft vor allem Skimmer, die Verunreinigungen gleich von der Oberfläche sammeln. Sie lassen sich oft mit schon vorhandenen Pumpen kombinieren.

Ein ungewöhnliches Wasserspiel, das sich auch ohne Teich an jeder passenden Stelle verwirklichen lässt.

Pumpen und Wasserspiele

Kernstück eines jeden Wasserspiels ist eine laufruhige und leistungsstarke Pumpe, die das Wasser in Umlauf bringt. Ob eine Fontäne sprüht, ein kräftiger Schaumsprudler plätschert oder sanft eine Quelle rinnt, hängt von dem jeweiligen Düsenaufsatz ab. Wasserdurchlauf und Spritzhöhe lassen sich auf einfache Weise stufenlos regulieren.

Für freie Wasserflächen, formale Becken und größere Teiche sind Springbrunnen ideal. Die Düsen zaubern fein verteilte Kaskaden, Kelchformen oder eine eindrucksvolle Wassershow herbei. Bis zum Wasserballett ist fast alles möglich.

Fachlichen Rat einholen

Wasserspiele für kleine Teiche und Bottiche sind nicht teuer und technisch mit einfachen Mitteln zu lösen. Wichtig ist eine robuste und leistungsfähige Pumpe, die entweder im Teich oder am Teichrand problemlos läuft und kaum Wartung braucht. Je nach Teichgröße und Nutzungsart wird die benötigte Leistung anders aussehen. Lassen Sie sich deshalb am besten von einem Fachmann beraten, der anhand der für jede Pumpe erstellten Kennlinie entsprechend der benötigten Förderhöhe und Transportstrecke schnell ermitteln kann, wie stark die Pumpe beschaffen sein sollte.

Grundsätzlich werden unterschieden:

- Magnetkernpumpen (Synchronmotorpumpen) mit einer Leistung von 6–24 L/min, ausreichend für kleinere Wasserspiele. Die einfachen Geräte bestehen aus einem kunststoffvergossenen, wasserdichten Gehäuse, das eine Ankerwicklung umschließt, die an einem wasserfördernden Quirl befestigt ist.
- Kreiselpumpen sind das Übliche für höhere Anforderungen mit einer Förderleistung bis

Die Technik für den Teich – Kabel und Pumpe – findet in einem Kübel Platz, in dem sich auch der Wasservorrat befindet.

Schlammpumpen sind leistungsfähig, verbrauchen aber viel Strom. Der Schwimmer schaltet bei Wassermangel ab.

etwa 20 m³/Stunde. Sie besitzen einen wasserdichten Elektromotor, der eine Scheibe mit wasserfördernden Schaufeln antreibt.

- Solarpumpen sind eine gute Lösung vor allem für Miniteiche, die sonnig stehen. Bedenken Sie allerdings, dass sie bei bewölktem Himmel ruhen.
- Schlammpumpen braucht man zum Entleeren größerer Teiche. Sie sind leistungsfähig (5000–10000 Liter/Stunde) und robust, aber nicht für den Dauerbetrieb gedacht und verbrauchen viel Strom. Mit ihnen lassen sich kurzfristig Bachläufe und Wasserfälle betreiben. Achten Sie auf großen Durchlass und auf möglichst unkomplizierte Ansaugbedingungen, damit sich nichts verstopft (z. B. durch Kies, Fadenalgen). Wird die Pumpe in einem Korb untergebracht, bleibt sie von Fadenalgen verschont und kann nicht verstopfen.

Die häufigste Unterbringung ist die direkt im Teich. Technisch aufwändiger ist der Betrieb vom Uferrand aus, wobei das Wasser über einen Spiralschlauch angesogen und weitergefördert wird. Die Pumpe wird dann in einem Gehäuse (z. B. aus Betonplatten) untergebracht. Achten Sie auf eine geräuscharme Pumpe, damit sich die Nachbarn und auch Sie selbst nicht gestört fühlen. Das Gehäuse lässt sich mit künstlichen Steinen (z. B. aus Felsdekor) so abdecken, dass es sich möglichst unauffällig in die Pflanzung fügt.

Wichtig: die Pflege der Pumpe

Nehmen Sie auf jeden Fall über Winter die Pumpe aus dem Teich, damit sie nicht einfriert und platzt. Unterwasserpumpen werden gesäubert und nass in einer Schüssel gelagert, sonst kann es sein, dass die feinen Lager austrocknen, festbacken und die Pumpe im nächsten Frühjahr durchbrennt.

TIPP

Wählen Sie das jeweils nächstgrößere Modell, dann sind noch Reserven für weitere Düsen, Filter oder mögliche Erweiterungen vorhanden.

Saugpumpen müssen über den Winter ganz entleert und frostfrei aufbewahrt werden. Dabei kann man sie säubern und den technischen Zustand überprüfen. Nicht zu früh in Betrieb nehmen: Erst wenn die Gefahr von Spätfrösten vorbei ist, werden sie wieder mit Wasser gefüllt und mit Strom versorgt. Verwenden Sie auch hier möglichst die durch Trafos geregelte ungefährliche Technik von Niedervolt und LED.

Der täuschend echt aussehende Stein aus Felsdekor besteht aus leichtem Kunststoff. Mit ihm lässt sich die Pumpenkammer am Ufer verbergen.

Romantische Teichbeleuchtung

Besonders schön und stimmungsvoll zeigt sich eine Springbrunnenanlage am Abend, wenn **Unterwasserscheinwerfer** ihre Strahlen durch eine farbige Drehscheibe schicken und Haus, Teich und Garten in märchenhafte Illumination tauchen. Besonders gut kann man das Unterwasserleben mit **Strahlern** beobachten, die nach unten zum Teichgrund leuchten. Nach oben ist das Licht abgeblendet. Stimmungsvoll sind **Schwimmleuchten**, die auf dem Wasser treiben und auf der Oberfläche ein weiches, schummriges Licht verbreiten. Bachlauf und Wasserfälle entfalten erst dann ihren vollen Charme, wenn sie bei Dunkelheit ihre Schokoladenseiten präsentieren können. Hierfür gibt es – neben den üblichen Gartenstrahlern – steingroße **Halogen-Ministrahler**, die sich unauffällig zwischen den Pflanzen und Kieseln verstecken lassen. Das Gardena-Lightline-System bietet mit Schaltuhr gesteuerte **Niedervoltleuchten**, die ihre Umgebung in ein weiches, blendfreies Licht hüllen.

Unterwasserstrahler verzaubern dieses Wasserparadies und tauchen es in märchenhaftes Licht.

Verwenden Sie möglichst Systeme, die auf Trafo und ungefährliche Niedervoltspannung ausgelegt sind. Das ist auch bei Solarleuchten der Fall.

Algenbekämpfung mit Filtern

Kristallklares Wasser ist eine Freude, doch in vielen Gartenteichen kann davon keine Rede sein. Mal trüben schmutzig-grüne Schwebealgen den Blick auf den Grund, mal entzieht ein dichter Teppich aus Fadenalgen Pflanzen das Licht und damit allen Teichbewohnern die Lebensgrundlage. Wie man die Algenplage bekämpft, erfahren Sie auf Seite 118. Häufig geht dann der Sauerstoffvorrat zur Neige und Fäulnisbakterien gewinnen die Oberhand – das Wasser »kippt um« und wird zur stinkenden Kloake, in der Wassertiere nicht überleben können.

Miniteiche, die optimal stehen, brauchen selten einen Filter. Häufig sind sie jedoch zu flach und deshalb zu warm, das Wasser ist voller Nährstoffe. Es lohnt sich, bei wertvollen Anlagen gleich einen Feinfilter für die ganze Anlage mit mechanischer und biologischer Klärung anzuschließen. Die beste Klärung bringt eine zusätzliche Lampe, die mit UV-Licht die Schwebealgen abtötet und verklumpt. Über die Filteranlage lassen sich die Reste zuverlässig entfernen.

Verschiedene Methoden der Wasserreinigung

Grundsätzlich unterscheidet man **mechanische Filter**, bei denen die Verunreinigungen in Kies, Sand, Schlacke oder körnigen Kunststoffteilen und reinigenden Filtermatten hängen bleiben. Ist die Wasserqualität ungenügend, bleibt dies auch so. **Biologische Filter** lassen das Wasser nach der mechanischen Vorklärung durch Mineralien (z. B. Zeolith) und angesiedelte nützliche Mikroorganismen (z. B. Bakterienkulturen) laufen, die Nährstoffe wie Phosphor oder Stickstoff sowie Schadstoffe entziehen und damit die Ursachen von Algenwuchs bekämpfen. Es empfiehlt sich, mechanische Filter mindestens zweimal pro Jahr zu reinigen. Zeolihth kann man immer wieder »entladen« und damit problemlos regenieren.

TIPP

Voraussetzung für eine gesunde Teichbiologie sind ein niedriger Kalkgehalt, wenig Nährstoffe (keine Reste von Fischfutter) im Wasser und eine Bepflanzung mit vielen Sauerstoff liefernden Schwimm- und Unterwasserpflanzen.

Mit gebündelten Maßnahmen geht eine **neue Generation von Filtern** (z. B. von Heissner, Oase, Tetra, Ubbink u. a.) den Ursachen auf den

Schwebealgen verklumpen durch UV-Licht, in solchen Filtern bleiben sie anschließend hängen.

Fadenalgen lassen sich mit Keschern und Kunststoffrechen (kein Metall!) abfischen.

Grund. In Teichen mit japanischen Koi, als besonders anspruchsvoll bezüglich Wasserqualität bekannt, hat diese Technik ihre Bewährungsprobe glänzend bestanden. Filter fischen zunächst Trübstoffe auf mechanischem Wege heraus, entfernen mit Zeolith, einem natürlichen Mineral, auf biologische Art überschüssige Nährstoffe und halten mit UV-Licht Mikroorganismen wirkungsvoll unter Kontrolle. Elektronik ist ebenfalls im Spiel, wenn das mit Filtern kombinierbare Gerät Alg-Control (Ubbink) mittels **Magnetfeld** das Wachstum der aggressiven Fadenalgen unterdrückt. Ohne Chemikalien und gut verträglich für Fische, Teichbewohner und Pflanzen wird so das Wasser ständig gereinigt. Schlamm- und Schmutzwasser kann wie in Koi-Becken bei laufendem Betrieb zwischendurch abgelassen werden. **Wasserdruck** spült die Filter durch und eine **UV-Lampe** sorgt auch hier für klare Verhältnisse. Ideal zum Füllen neuer Teiche ist Regenwasser. Leitungswasser kann bereits reichlich Phosphat enthalten. Dieser Nährstoff lässt Algen üppig wachsen, was im Extremfall zum Kippen des biologischen Gleichgewichts führt. Futterreste und Eintrag aus umgebender Pflanzung tragen zum Übermaß bei. Abhilfe schaffen Phosphatbinder aus Kaliumsalzen (z. B. von Neudorff, Söll), die in Filter gegeben oder im Teichwasser ausgebracht werden.

● Sauerstoff wird knapp, wenn sich das Teichwasser in Gefäßen stark erwärmt. Ein Wasserspeier sorgt für die nötige Luftzufuhr und sieht auch noch hübsch aus.

Sauerstoffzufuhr im Miniteich

Ist Ihr Miniteich mit einer Pumpe ausgestattet, die über eine Fontäne, Wasserglocke, Wasserfall o. ä. für Bewegung sorgt, gelangt genügend Sauerstoff ins Wasser, so dass es keiner zusätzlichen Maßnahme bedarf. Nur wenn das Gefäß zu sonnig steht und keine Sauerstoff liefernden Unterwasserpflanzen eingesetzt sind, kann der sich der Einsatz einer Unterwasserpumpe lohnen, die über einen Schwimmer und Schlauch Luft anzieht und mit sprudelnden Bläschen im Wasser verteilt.

Die Wasserqualität

Grundsätzlich sollte das Wasser auch bei Miniteichen so wenig wie möglich gewechselt werden. Ausgenommen sind sehr kleine Behälter.

Frisches Wasser bringt meist neue Nährstoffe und damit neue Probleme mit sich. Bei Reinigungsarbeiten bleibt zumindest ein Drittel des Teichwassers zurück. Im Herbst sammeln sich hier die Teichbewohner, sinken die Überwinterungsformen der Wasserpflanzen zu Boden. Im Frühling beginnt von hier die erneute Besiedlung des Gartenteiches.

Regenwasser ist in den seltensten Fällen von guter Qualität und bestenfalls nach dem Durchfließen einer Sumpfzone brauchbar.

Wasser aus **Flüssen** und **Bächen** kann Düngerreste enthalten. Es zu entnehmen, bedarf zudem einer behördlichen Genehmigung. Bleibt **Brunnen-** und **Leitungswasser**, das für den menschlichen Genuss aufbereitet und damit weitgehend sauber ist. Es bekommt den Pflanzen und auch den Fischen. Wenn dem Trinkwasser Chlor beigesetzt wurde, das die Schleimhäute der Fische reizt, sollte es allerdings mehrere Wochen abstehen können, bevor Sie Fische einsetzen. Der Handel bietet Teichpflegemittel an, die das Wasser schneller »fischgerecht« machen.

Wasserproben schaffen Gewissheit

Über die Wasserqualität kann man sich selbst durch das Eintauchen von **Teststreifen** einen groben Eindruck verschaffen. Möchten Sie genaue Werte zur Wasserqualität haben, bietet es sich an, beim ansässigen **Wasserwerk** eine Wasserprobe einzusenden und diese untersuchen zu lassen.

TIPP

Die Lösung für hässlich aussehende Filtersysteme: außerhalb des Teiches im Boden eingraben oder mit Felsdekor abdecken.

Wichtig sind der pH-Wert, der zwischen 6 und 8 liegen sollte und der **Härtegrad** (Karbonathärte) mit Werten zwischen 8 und 12 Grad dH. Einen zu niedrigen pH-Wert kann man durch wasserlöslichen **Düngekalk** anheben, einen zu hohen durch Torf, der für einige Zeit in Säcken in den Teich gehängt wird, senken.

Auf einen Blick

- In formschönen Gefäßen sind Wasserpflanzen gut untergebracht.
- Bereits mit kleinen Pumpen kann man viel bewirken. Wollen Sie einen Teich anlegen, sollten Sie eine größere Pumpe wählen, dann sind noch Reserven, etwa für einen Wasserfall, vorhanden.
- Strom und Wasser, eine gefährliche Kombination. Wählen Sie deshalb für Pumpen und Beleuchtung Varianten mit ungefährlicher Niedervoltspannung (Trafo) und ziehen Sie einen Fachmann zu Rate.
- Für Folienteiche reicht in der Regel die preisgünstige PVC-Folie in einer Stärke von 0,5 mm.
- Die Wasserqualität kann man mit einfachen Mitteln selber testen.

Springbrunnen und Wasserspiele

Brunnen und Sprudelsteine

Für die meisten Wasserspiele braucht man keinen Teich, der genügend Wasser für die Pumpe bereit hält. Für die gewünschte Atmosphäre mit beruhigendem Plätschern, Wasser für badende Vögel, höherer Luftfeuchte, abendlicher Beleuchtung oder und zierenden Effekten sind die über die Erde herausragenden Teile von Bedeutung.

Mühlsteinbrunnen

Bei den beliebten Mühlsteinbrunnen gehört in der Regel ein Wasserreservoir, das die Umlaufpumpe speist, zur Ausstattung. Früher wurden alle Mühlsteinbrunnen aus schwerem Naturstein gefertigt. Weil dies jedoch erhebliche Gewichts- und Transportprobleme mit sich brachte, hat sich die Industrie auf neue, leichte Materialien besonnen. So bestehen die heute erhältlichen Modelle durchweg aus Polyester-Kunststoff, der nachträglich mit fest haftendem Sand überzogen wurde, um ein natürliches Aussehen zu erhalten. Die Pumpe samt Teleskop-Aufsatz und Düse für ein Wasserspiel steht in einer Wasserschale, die in die Erde eingegraben und kindersicher abgedeckt wird.

Quellsteine

Haben Sie einen schönen Findling, dann können Sie ihn beim Steinmetz fachgerecht für einen akzeptablen Preis durchbohren lassen. Fertige Exemplare aus Naturstein zum Mitnehmen gibt es in Baumärkten oder Gartencentern. Quellsteine kommen schon mit schwachen

Mühlsteinbrunnen bereichern die Terrasse und plätschern zwischen Staudenbeeten.

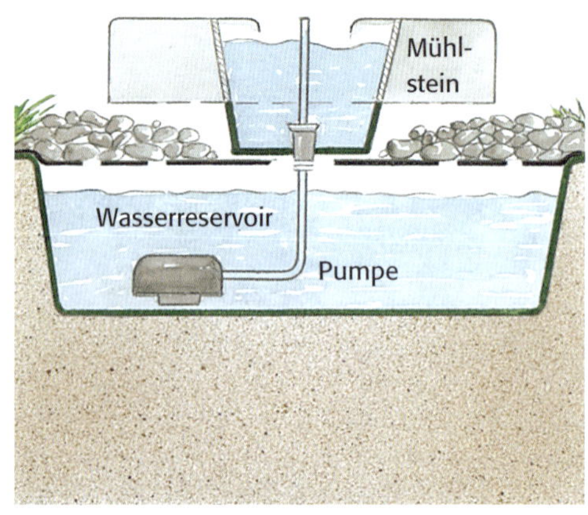

Viele Quellsteinbecken sind komplett als Bausatz erhältlich und absolut kindersicher.

Pumpen zurecht, denn das Wasser soll nur rieseln oder den Ausgangspunkt für einen Bachlauf bilden. Das Prinzip funktioniert wie bei den Mühlsteinen beschrieben, also mit einem kindersicher verstecktem Wasserreservoir, das den Umlauf der Pumpe speist. Im Handel findet man eine reiche Auswahl an künstlerisch ansprechenden Modellen, oft quaderförmig oder in Dreiergruppen mit langsam rieselndem Wasser, das abends malerisch mit Halogen- oder LED-Lampen angestrahlt wird.

Fontänen

Kunstvolle Springbrunnen oder Wasserkelche entstehen durch entsprechende Pumpenaufsätze. Attraktive Effekte entstehen durch Kombinieren von mehreren Geräten. Soll es ein rauschender, belebender Schaumsprudler sein, wird in der Düse Luft beigemischt. Stärkere oder schwächere Aktivitäten lassen sich leicht regeln, wenn Sie dazu eine Pumpe mit genügend Leistung kaufen. Den Seerosen allerdings behagt das ständige Plätschern und Spritzen nicht. Weil ihnen dauerndes Regenwetter vorgespielt wird, bleiben entstehende Blütenknospen geschlossen. Wollen Sie also Bewegung in einem Seerosenteich, dann sollten Sie entweder eine der ruhig strömenden Wasserglocken verwenden oder Ihren Springbrunnen in gehörigem Abstand sein Spiel treiben lassen.

Stelen

Hierunter werden schlanke, hohe Natursteine verstanden, zum Beispiel Basaltblöcke, die im anspruchsvolleren Fachhandel angeboten werden. Mit einer leistungfähigen Pumpe versehen, ergießt sich das Wasser durch die Bohrungen in eindrucksvoller Weise herab. Gibt es Gewichts-

Eine pfiffige Idee zum Selbermachen: Dränagerohre lassen sich leicht zusammenfügen.

Durchbohrte Stelen sind Platz sparende und attraktive Hingucker für jeden Gartenbereich.

probleme, z. B. auf dem Balkon, stehen entsprechende Monolithe aus leichten Felsdekor samt passenden Anschlüssen bereit. Über Geschmack lässt sich bekanntlich nicht streiten. Ein wichtiger Trend geht zu immer aufwändigeren Wasserspielen, die entweder modern designt oder folkloristisch im südländischen oder asiatischen Stil gestaltet sind. Dabei spielen auch raffinierte Technik mit Zeit- und Funktionssteuerungen eine Rolle, ebenso Licht- und Lasereffekte. Lassen Sie sich von dem reichen Angebot inspirieren.

Wasserkugeln

Sehr beliebt sind Wasserkugeln mit Wasserspeiern aus Naturstein oder Keramik, die es in unterschiedlichen Größen und Materialien gibt. Die schönsten von ihnen bestehen aus edel gemaserten Steinen, sind fein geschliffen und drehen sich in einem einem genau passenden Lager in einem Wasserbad. Angetrieben von einem schwachen Elektromotor drehen sie sich in einer sanften Strömung fast geräuschlos und langsam, aber stetig.

Wasserkugeln als Blickfang. Hier läuft das Nass nahezu geräuschlos in ein flaches Becken und erhöht dabei die Luftfeuchtigkeit.

Tisch- und Zimmerbrunnen

Kugeln, Kelche oder Schalen sind bevorzugte Motive, die Tischbrunnen aus Keramik zu Leben erwecken. Die feuchtigkeitsspendenden Zimmerbrunnen stehen gewöhnlich in einer Schale mit Minipumpe und lassen sich sehr anspruchsvoll (z. B. mit Halbedelsteinen) gestalten. Obwohl sie auch den Sommer über auf der Terrasse stehen können, sind sowohl ihre Dimensionen als auch die Bepflanzung auf helle Innenräume ausgerichtet. Moose, kleine Farne, Usambaraveilchen, Zyperngras oder kleine Wasserfarne und dekorative Kiesel oder Tuffsteine machen das kleine Arrangement zu einem viel beachteten, faszinierenden Blickfang. Kommen dann noch ein wenig »Nebel« und farbiges Licht dazu, ist die Illusion perfekt. Durch höhere Luftfeuchtigkeit verbessert sich zudem das Raumklima.

Kühles Blau dominiert dieses Arrangement. Wassersalat und Schwimmkerzen umspielen den von einem Künstler gefertigten Tischbrunnen.

Wenig Wasser – viel Effekt

Ganz gleich, ob es glitzert, sprudelt oder rinnt, Wasser fasziniert immer. Pflanzen gedeihen darin, Libellen schlüpfen im Sonnenlicht. Mit einem leisem Zittern lassen sie ihre zu eng gewordene Hülle zurück und schwirren davon. Die Natur hautnah erleben, dafür braucht man nur einen geringen Aufwand und ein Minimum an Platz sowie ein wenig Muße und Neugier.

Kupferbrunnen

Liebhaber der feineren und zierlicheren Effekte erfreuen sich an kunstvoll gefertigten Brunnen aus Kupfer. Das wertvolle Material in zurückhaltenden Farben entwickelt mit der Zeit eine grünliche Patina, die gut zu Pflanzen und Wasser passt. Man kann die dekorativen Elemente sowohl drinnen als draußen aufstellen. Wie bei allen Wasserspielen gehören eine Pumpe sowie eine Auffangschale dazu.

Zinkgefäße gibt es preiswert in vielen ansprechenden oder nostalgischen Formen. Sie werden gewöhnlich in Fernost hergestellt. Meist dauert es aber nicht lange, dann beginnen sie im Freien zu rosten, die Verbindungen werden undicht und Flecken greifen die Oberflächen an. Gefäße aus Edelstahl dagegen rosten nicht und bleiben über viele Jahre lang

Eine zierliches Wasserspiel aus Kupferschalen, das sowohl im Wintergarten als auch an der Terrasse schmückt.

Das Klick-Klack aus Bambus füllt sich langsam mit Wasser, um sich dann mit einem leisem Geräusch zu entleeren.

unverwüstlich. Das wertvolle Material passt außerdem zu edlem Design.

Japanische Wasserspiele

Die großen Meister bescheidener, aber dennoch sehr schöner Wasserspiele sind in Japan zu finden. Weil das belebende Wasser dort fast religöse Bedeutung hat, ersetzt eine kleine Wasseranlage im Haus oder Vorgarten nicht nur in öffentlichen Gebäuden und Restaurants den oft kaum vorhandenen Garten – auch in Privathäusern werden Bewohner und Gäste gleich am Eingang auf liebenswürdige Weise mit einem Mini-Wassergarten mit rinnendem Wasser, Kieseln und Bambus begrüßt.

In Europa haben beruhigende japanische Wasserspiele wie die Bambus-Wasserschaukel und das originelle Klick-Klack (Shishi-Okoshi) Eingang in Gärten und Gartencenter gefunden. Dabei füllt eine Pumpe ganz allmählich ein Bambusrohr mit Wasser, bis es umkippt und sich in das nächste Rohr oder in eine Schale ergießt.

Bachläufe und Mini-Wasserfälle

Bäche und Wasserfälle kann man mit Teichfolie selber anlegen, doch setzt dies allerhand Überlegung, Wissen, spezielles Material und handwerkliches Geschick voraus. Gern greift man daher zu vorgefertigten Elementen, die man mit wenigen Handgriffen nur noch zu einer kleinen Anlage zusammensetzen muss.

Während die ersten Konstruktionen noch reichlich künstlich aussahen, gibt es inzwischen gut gestaltete Elemente aus besandetem glasfaserverstärktem Kunststoff (GFK), die der Natur in Aussehen und Prägung recht nahe kommen. Meist haben sie vorgeprägte Stellen für Sumpf- und Wasserpflanzen und ausgeprägte Mulden, die verhindern, dass alles gleich leer läuft, sobald die Pumpe ausgeschaltet ist. Die Pumpe steht dabei in einem kleinen Folien- oder Fertigteich.

Ein Wandbrunnen schafft stimmungsvolles Ambiente, hier als Wasserfall aus Edelstahl mit in die Wand eingebautem inneren Container.

Wasserpflanzen für Miniteiche

Einkauf und Transport

Die Wasserpflanzensaison beginnt nicht früher als Anfang April mit der Blüte von Sumpfdotterblumen *(Caltha palustris)* und Rosenprimeln *(Primula rosea)* und sie endet erst kurz vor dem Frost. So lange lohnt es sich, Teiche anzulegen. Pflanzen erhält man oft von einem Nachbarn, der nach kurzer Zeit schon genötigt ist, im und am Teich »Luft« zu schaffen und die Pflanzen gerne teilt. Die beste Zeit dazu findet sich im zeitigen Frühjahr. Man kann davon ausgehen, dass auch die Gartencenter in dieser Zeit ein breites Angebot an Wasserpflanzen führen, das gewöhnlich zwischen 50 und 100 meist einheimischer Arten und Sorten umfasst. Für die Anlage von Miniteichen ist das mehr als genug.

Etagenprimeln *(Primula × bulleyana, P. beesiana* u. a.) sind graziöse Pflanzen für Uferrand und Gefäße aller Art.

Die Pflanzen stehen durchweg in **Containern**, so dass man sie auch ohne Sorge während der Blüte kaufen und einsetzen kann. Sogar im **Herbst** werden noch viele Gartenteiche angelegt, weil dann mehr Zeit zur Verfügung steht als im hektischen Frühjahr und sich die Größenverhältnisse bei voller Belaubung besser einschätzen lassen. Seien Sie nicht enttäuscht, wenn sie anfangs mitunter mickrig aussehen – Wasserpflanzen entwickeln sich meist überraschend gut, sind sie erst einmal eingewurzelt.

Alle Wasserpflanzen sind extrem empfindlich gegen Austrocknen und tragen leicht Schäden davon. Ganz besonders gilt dies für Seerosen. **Transportieren** Sie die Pflanzen immer wie Fische in geschlossenen Beuteln, die erst kurz vor der Verwendung geöffnet werden. Bleiben Sie mit ihnen bis zum Pflanzen immer im **Schatten** und vermeiden Sie auch beim Transport im Auto jede Sonneneinstrahlung.

TIPP

Obwohl unsere heimische Natur eine reiche Auswahl an schönen Wasserpflanzen bietet, lohnt sich das Ausgraben nicht – es ist überdies verboten. Für Gestaltungsideen liefert die Natur allerdings reichlich Vorbilder.

Empfehlenswerte Pflanzen

Schon wenige Exemplare genügen, und schon wird daraus eine gefällige Zusammenstellung im Gefäß. Fast alle Pflanzen sind dabei heimisch und widerstehen dem Frost.

Unterwasserpflanzen

Die meisten Vertreter dieser Gruppe leisten Beachtliches für die Gesundheit des Teichwassers. Sie leben ganz oder teilweise untergetaucht, nur selten haben sie sich im Teichgrund verankert, oft schwimmen sie frei. Ihre Blätter liefern unermüdlich Sauerstoff, sie halten damit die Algen kurz und verbessern die Bedingungen für alle Lebewesen im Teichwasser. Obwohl sie manchmal so unscheinbar sind, erfüllen sie damit doch eine wichtige Funktion und dürfen nicht vergessen werden.

Unterwasserpflanzen sind wichtig, weil ihre feinen Blättchen durch Assimilation unter dem Einfluss des Sonnenlichts viel Sauerstoff produzieren. Sie konkurrieren mit den Algen um Nährstoffe und halten sie damit im Zaum. Weil ihre vielen Blättchen für Schatten sorgen,

Als Kulisse für den Wasser spuckenden Gargoyle mag die Kleine Wasserlinse *(Lemna minor)* ihre Berechtigung haben. Ansonsten ist die als »Unkraut« nicht gerne gesehen.

Unterwasserpflanzen

Deutscher Name	Botan. Name	Blütezeit	Höhe cm	Wassertiefe cm	Farbe
Hahnenfuß	*Ranunculus aquatilis*	Mai–Juli	2	30–50	weiß
Hornkraut	*Ceratophyllum demersum*	–	–	30–40	–
Nadelsimse	*Eleocharis acicularis*	–	–	0–40	–
Wasserfeder	*Hottonia palustris*	Mai–Juli	10–30	Schwimmpflanze	rosa
Wasserstern	*Callitriche palustris*	–	2	20–40	–

Schwimmpflanzen

Deutscher Name	Botan. Name	Blütezeit	Höhe cm	Wassertiefe cm	Farbe
Feenmoos	*Azolla mexicana*	–	1	0	–
Krebsschere	*Stratiodes aloides*	Juni–Juli	10	30–40	weiß
Schwimmfarn	*Salvinia natans*	–	2	0	–
Tausendblatt	*Myriophyllum brasiliense*	Juni–Aug.	20	0–10	grün
Wasserhyazinthe	*Eichhornia crassipes*	Juli–Sep.	20	15–40	blau
Wassernuss	*Trapa natans*	–	2	30–50	–
Wassersalat	*Pistia stratiodes*	–	20	0–30	–
Wasserschlauch	*Utricularia vulgaris*	Juni–Aug.	5	0–50	gelb

Pflanzen für mittleren und tiefen Wasserstand

Deutscher Name	Botan. Name	Blütezeit	Höhe cm	Wassertiefe cm	Farbe
Seekanne	*Nymphoides peltata*	Juli–Sep.	5	20–60	gelb
Teichmummel	*Nuphar lutea*	Juni–Sep.	15	40–150	gelb
Teichsimse	*Schoenoplectrus lacustris*	Juni–Juli	150	20–60	braun
Zebra-Simse	*Schoenoplectrus tabernaemontanii* 'Zebrinus'	Juni–Juli	120	20–40	braun

wirken sie auch unerwünschter Aufheizung des Wassers entgegen. Sie sind damit sehr wichtig beim Erhalt des biologischen Gleichgewichts und für den Sauerstoffgehalt. Hinzu kommen die vielen hübschen Blüten, die beim Hahnenfuß locker angeordnet sind und an eine treibende Insel erinnern. Auch die Wasserfeder ist mit ihren feinen Schwimmblättchen eine zarte Schönheit, die sich im Frühsommer mit primelähnlichen Blüten offenbart. Bis auf das treibende Hornkraut verankern sie sich im Boden, der Rest der Pflanze schwimmt frei unter Wasser.

Achtung, Wasserunkräuter!

Gewarnt sei jedoch vor zwei Vertretern dieser Gruppe, die durch ihren unbändigen Ausbreitungsdrang alles andere unterdrücken:

- die Kanadische Wasserpest *(Elodea canadensis)*
- und »Entenflott« oder Kleine Wasserlinse *(Lemna minor)*.

Am besten, Sie kontrollieren jede Pflanze, die Sie erstehen, ganz genau, denn meistens werden diese »Wasserunkräuter« beim Kauf oder Tausch eingeschleppt.

Schwimmpflanzen

Zu dieser Gruppe gehören Pflanzen, die aufgetaucht oder halb untergetaucht leben und entweder frei mit ihren Wurzeln im Wasser treiben wie der Wasserschlauch und die tropische Wasserhyazinthe oder sich eine kleinen Anker bewahrt haben, mit dem sie auch im Boden nach Nahrung suchen. Diese Pflanzen sind besonders interessant, weil man unabhängig ist von Pflanzgefäßen und nachträglich noch Schwerpunkte setzen kann, indem man sie einfach ins Wasser gibt. Das klappt sogar in kleinsten Wasserschalen, die schon mit einer einzigen – orchideenähnlichen – blauen Wasserhyazinthe zum viel beachteten Schmuckstück werden oder mit dem dekorativen Wassersalat auch ohne Blüten zum attraktiven Hingucker taugen.

Pflanzen für mittleren und tiefen Wasserstand (Seerosenzone)

Nur wenige Pflanzen bewohnen die tieferen Zonen, wo das Wasser kühler ist und sich erst spät erwärmt. Neben den großblütigen Seerosen bilden sie in der freien Natur die Vorposten der Vegetation. Zwar verankern sie sich im Boden, brauchen zur Entwicklung aber genügend Platz. In Fässern und Gefäßen kommen sie mit weniger Tiefe zurecht.

Pflanzen für den mittleren bis flachen Wasserstand

Dicht am Ufer, im nicht allzu tiefen Gebiet der Flachwasserzone (10–40 cm Wassertiefe) beginnt die Vegetation reichhaltiger zu werden. Alle hier genannten Arten sind im Boden fest verwurzelt. Ein gelegentlich höherer oder tieferer Wasserstand macht ihnen nichts aus. Zu Tannenwedel, Blumenbinse, Hechtkraut und Hahnenfuß passen auch viele Seerosensorten für den flachen Wasserstand, vor allem Zwergseerosen.

Pflanzen für den mittleren bis flachen Wasserstand

Deutscher Name	Botan. Name	Blütezeit	Höhe cm	Wassertiefe cm	Farbe
Blumenbinse	*Butomus umbellatus*	Juni–Aug.	60–100	10–40	rosa
Fieberklee	*Menyanthes trifoliata*	Mai–Juni	20–30	10–30	weiß
Froschbiss	*Hydrocharis morsus-ranae*	Juni–Aug.	10	10–50	weiß
Froschlöffel	*Alisma plantago-aquatica*	Juli–Sep.	50	5–30	weiß
Hahnenfuß	*Ranunculus flammula*	Juni–Okt.	40	10–20	gelb
Hechtkraut	*Pontederia cordata*	Juli–Sep.	50–70	20–40	blau
Igelkolben	*Sparganium erectum*	Juni–Juli	30–40	10–30	grün
Kalmus	*Acorus calamus*	Mai–Juni	80–100	10–20	grün
Kleiner Rohrkolben	*Typha minima*	Juni–Sep.	60–80	10–15	braun
Pfeilkraut	*Sagittaria sagittifolia*	Juni–Aug.	60–80	10–40	weiß
Rohrkolben	*Typha angustifolia*	Juli–Sep.	150	5–40	braun
Schachtelhalm	*Equisetum hyemale*	Juli–Aug.	100	10–20	braun
Straußfelberich	*Lysimachia thyrsiflora*	Mai–Juni	40–50	0–10	gelb
Sumpfwolfsmilch	*Euphorbia palustris*	Mai–Juni	60	0–10	gelb
Tannenwedel	*Hippuris vulgaris*	–	40–50	0–40	–
Teichsimse	*Schoenoplectus lacustris*	Juli–Aug.	120–150	0–40	grün
Wollgras	*Eriophorum angustifolium*	April–Mai	20–40	0–10	weiß
Zebra-Simse	*Schoenoplectrus tabernaemontani* 'Zebrinus'	Juni–Aug.	80–120	0–15	braun
Zyperngrassegge	*Carex pseudocyperus*	Juli–Aug.	60–70	0–10	grün

Pflanzen für Sumpf und feuchten Uferrand

Der Frühling im Wassergarten beginnt mit der Vegetation am Uferrand, wo sich der Boden viel schneller erwärmt als im lange noch kalten Wasser. Unter immerfeuchten Bedingungen, also bei 5–15 cm Wasserstand, öffnen als erste Sumpfdotterblumen *(Caltha palustris)* in gefüllten und einfach blühenden Sorten ihre dicken, flachrunden Knospen, der Fieberklee mit weißen, stark behaarten Blüten und am feuchten Uferrand die magentarote Rosenprimel. Einen Höhepunkt setzen die vielen gelben Blüten der Wasserschwertlilie, die in jedem Gefäß zur Blüte kommt, sich dann aber üppig vermehrt, so dass man sie gelegentlich teilen sollte. Im Sommer fügen sich an Froschlöffel, Blumenbinse, Pfeilkraut, Sumpfiris und der gelbe Zungenhahnenfuß. Alle sind höhere Pflanzen, die erst

Drei Tongefäße in zueinander passenden Größen. Zum Breitblättrigen Pfeilkraut gesellen sich unterschiedliche Sorten des üppig blühenden Blutweiderichs.

Pflanzen für Sumpf und feuchten Uferrand

Deutscher Name	Botan. Name	Blütezeit	Höhe cm	Wassertiefe cm	Farbe
Bachbunge	*Veronica beccabunga*	Mai–Aug.	30	0–20	blau
Bachminze	*Mentha aquatica*	Juni–Aug.	60	Sumpf	rosa
Binse	*Juncus inflexus*	Juli–Aug.	60	Sumpf	braun
Blaue Lobelie	*Lobelia syphilitica*	Juli–Sep.	60	Uferrand	blau
Etagenprimel	*Primula × bulleyana*	Mai–Juni	50	Sumpf	orange-rot
Gauklerblume	*Mimulus luteus*	Mai–Aug.	15–60	Sumpf	gelb
Gauklerblume	*Mimulus ringens*	Juni–Juli	60	0–10	blau
Indianischer Wasserreis	*Zizania aquatica*	Juni–Aug.	80–100	10–70	grün
Japan-Iris	*Iris ensata*	Juni–Juli	70–80	Uferrand	blau, rosa
Kardinals-Lobelie	*Lobelia cardinalis*	Juni–Sep.	50	Uferrand	rosa, rot
Lobelie	*Lobelia sessilifolia*	Juni–Juli	50	0–20	blau
Mädesüß	*Filipendula ulmaria*	Juni–Sep.	80	Uferrand	weiß
Papageienblatt	*Houttuynia palustris*	Juni–Aug.	20	10–20	weiß
Pfennigkraut	*Lysimachia nummularia*	Juli–Aug.	5	Uferrand	gelb
Schlauchpflanze	*Sarracenia purpurea*	Mai–Sep.	30	Sumpf	grün-rot
Schneefelberich	*Lysimachia clethroides*	Juli–Sep.	70	Uferrand	weiß
Sumpfcalla	*Calla palustris*	Mai–Juni	30	0–20	weiß
Sumpf-Dotterblume	*Caltha palustris*	April–Mai	30	0–20	gelb
Sumpf-Dotterblume – gefüllt	*Caltha palustris* 'Multiplex'	April–Mai	30	0–20	gelb
Sumpfeibisch	*Hibiscus moscheutos*	Juli–Sep.	70	Sumpf	rosa, rot
Sumpfhahnenfuß	*Ranunculus lingua*	Juni–Aug.	100	0–20	gelb
Sumpfiris, Asiat.	*Iris laevigata*	Juni–Juli	60–70	0–10	blau
Sumpf-Vergissmeinnicht	*Myosotis palustris*	Mai–Aug.	20–30	Sumpf	blau
Wasserdost	*Eupatorium cannabinum*	Aug–Okt.	120	0–10	rosa
Wasserdost	*Eupatorium purpureum*	Aug–Okt.	150	Uferrand	rostrot
Wasserschwertlilie	*Iris pseudacorus*	Juni–Juli	80	0–20	gelb
Weiderich	*Lythrum salicaria*	Aug–Sep.	70	Sumpf	rosa
Wiesenknöterich	*Polygonum bistorta*	Mai–Aug.	80	Uferrand	
Zwergbinse	*Juncus ensifolius*	Juni–Aug.	30	Uferrand	braun
Zyperngras	*Cyperus longus*	Juli–Okt.	50–60	0–20	braun

vor einem dunklen Hintergrund (Mauer, Hecke, Sichtschutzaun) optimal zur Geltung kommen. Befindet sich der Miniteich im Garten, kommen auch eine große Zahl von Gartenstauden und Zwerggehölzen (z. B. Azaleen) in Frage, die im umgebenden Erdreich stehen und auch gelegentliche Trockenperioden überstehen. Hier kommen auch Blumenzwiebeln wie Narzissen, Blaustern und Herbstzeitlose in Betracht und natürlich die vielfältige Gruppe der Farne und Gräser, die im Raureif und bei Schnee den Wassergarten im Winter mit ihren grazilen Fruchtständen verzaubern.

In der Sumpfzone sind besonders ausdrucksvolle, schöne Pflanzen angesiedelt. Der Übergang zum trockenen Land liegt nahe, und so macht es diesen Pflanzen auch wenig aus, wenn sie kurzzeitig einmal trocken fallen oder mehr als den angenommenen Wasserstand von 0 bis 10 cm Wassertiefe verkraften müssen. Die meisten Miniteiche bieten Verhältnisse wie Flachwasser- oder Sumpfzonen. In Fertigteichen sind entsprechende Pflanzzonen mit Wülsten und für den Flachwasserbereich integriert. Sumpfzonen fungieren zudem als Mini-Kläranlagen für den Gartenteich, denn viele der hier ansässigen Pflanzen klären über ihr Wurzelsystem trübes, verschmutztes Wasser, filtern es und entziehen ihm Nährstoffe.

Pflanzen aus diesem Bereich sind auch in Fässern, Kleinteichen und Trögen gut aufgehoben. Insbesondere die Iris-Arten sind es wert, dass man ihnen viel Platz an sonniger Stelle einräumt. Japan-Iris brauchen in den Frühjahrs- und Sommermonaten viel Feuchtigkeit. Im Winter dagegen müssen sie ziemlich trocken stehen, eine Forderung, die sich in Gefäßen leicht erfüllen lässt.

Die heimischen Sumpfdotterblumen *(Caltha palustris)* gehören zu den ersten Blühern im April. Ihr Blattwerk sieht auch im Sommer gefällig aus.

Unterwasserpflanzen

Grundnessel

Hydrilla verticillata

Diese wüchsige Unterwasserpflanze ist nahezu weltweit verbreitet. Sie ist wintergrün und liefert damit rund ums Jahr Sauerstoff, hält das Wasser sauber und ist ein guter Gegenspieler zu Algen. Ihre zierlichen frei schwebenden quirlförmigen Stängel können bis 2 m Länge erreichen und sie wuchern. Deshalb ist die Grundnessel nur für größere Gefäße und Teiche empfehlenswert. Von Juli bis August erscheinen ihre weißen Blütchen.

Hornkraut ist ein guter Sauerstoffspender und hilft gegen Algen.

Hornkraut

Ceratophyllum demersum

Ein Sauerstofflieferant ersten Ranges ist das frei im Wasser treibende Hornkraut. Da es mit wenig Licht auskommt und dem Wasser reichlich Nährstoffe entzieht, beugt es einer Algenblüte vor und ist damit bestens als Unterwasserpflanze für den Teich geeignet. In Teichen können seine Blätter kleinere Fische beherbergen. Zum Überwintern sinken kurze Stückchen auf den Grund (die Hibernakeln). Die völlig wurzellose Pflanze kann sich mit dem unteren Teil ihrer Triebe im Schlammboden verankern. Die reich verzweigten Sprosse werden oft meterlang. Die heimische Pflanze fühlt sich seltsam rau an, ihre Blüten sind unscheinbar.

Kleines Laichkraut

Potamogeton pusillus

Die heimische anspruchslose Art ist ausgesprochen zierlich. Auch sie wurzelt am Teichgrund und besiedelt dabei Wassertiefen von 20–40 cm. Die frei treibenden, dünnen, leicht abgeflachten Stängel besitzen dünne fadenartige Blätter. Von Juni bis August erscheinen oberhalb des Wasserspiegels winzige Blütenähren. Auch dieses Laichkraut entwickelt Hibernakeln (Winterformen), mit denen es am Teichgrund überwintert.

Krauses Laichkraut

Potamogeton crispus

☼ ⬆ 10 ✿ 5–9 ≈ 30–300

Die heimische Unterwasserpflanze gehört zu den besten Sauerstofflieferanten. Am Teichgrund wurzelnd kann sie sowohl Wassertiefen von 30 cm bis 3 m bewohnen. Die starkwüchsigen Pflanzen überdauern die kalte Jahreszeit in Form von Hibernakeln (Winterformen). Die algenartigen Triebe mit ihren welligen, gekrausten Blättern können bis 150 cm Länge erreichen. Von Mai bis September erscheinen kleine gelbe Blütchen, die aus dem Wasser ragen. Die Pflanzen können dichte Unterwasserteppiche bilden, in denen sich Fische gerne verstecken. Auch sorgen sie für klares Wasser.

Nadelsimse

Eleocharis acicularis

☼–◐ ⬆ 10–20 ✿ 6–8 ≈ 0–40

Die Nadelsimse bildet lange grasähnliche Blätter in sattem Grün aus und kann mit ihrem Ausbreitungsdrang den Grund des Teiches bedecken. Die viel Sauerstoff liefernden spitzen Halme lugen in Gefäßen auch schon mal heraus und ergeben dann einen dekorativen Anblick. Mit ihren dichten Trieben bieten die zahlreichen Nadelsimsen Unterschlupfmöglichkeiten für Fische, Insekten und deren Larven, zum Beispiel für Libellenlarven und viele andere Teichlebewesen. Sie gedeiht sowohl in Flachwasser als auch in mittlerem Wasserstand (0–10 cm bis 40 cm).

Wasserhahnenfuß

Ranunculus aquatilis

☼ ⬆ 2 ✿ 5–7 ≈ 30–50

Die einheimische Schwimmpflanze gehört zu den schönsten Erscheinungen in Mini- und Gartenteichen. In dichten Pulks erscheinen von Mai bis Juni die etwa 3 cm großen weißen Blüten über den rundlichen Schwimmblättern. Der Wasserhahnenfuß entzieht dem Wasser viele Nährstoffe und produziert reichlich Sauerstoff. Er fühlt sich in weichen, kalkarmen Gewässern besonders wohl. In jeder Art von Teichen kann er beträchtlich zur Reinhaltung des Wassers beitragen, aber auch durch Wuchern lästig werden. Ein wichtiger Vorteil: mit seinem Blattgrün liefert er auch im Winter Sauerstoff.

Der heimische Wasserhahnenfuß ist als Schwimmpflanze ein besonderes Schmuckstück.

Wasserfeder, Wasserprimel

Hottonia palustris

☼–◐ ⬆ 10–30 ✿ 5–7 ≈ 20–40

In flachem Wasser fühlt sich diese schöne Wasserpflanze besonders wohl, die mit fiedrigen Blättchen untergetaucht lebt, bis sich im Mai die zartrosa-weißen Blütenstände über Wasser erheben. Die anspruchslose Wasserpflanze aus der heimischen Vegetation gedeiht und blüht am besten in sonniger Lage, kommt aber auch noch mit etwas Halbschatten zurecht. Sie lebt in schlammigem nährstoffreichem Moorboden und vermehrt sich über Ableger. Die zarten Pflanzen werden schnell von anderen bedrängt, deshalb sollte man ihnen ein ungestörtes Wachstum ermöglichen. Empfehlenswert für Miniteiche mit einer Wassertiefe von 10–20 cm.

Wie zarte Elfen scheinen die Blüten der Wasserprimel über den fein gefiederten Schwimmblättern zu schweben.

Wasserstern

Callitriche palustris

☼–◐ ⬆ 2 ✿ keine Blüte ≈ 20–40

Die wüchsige Pflanze bildet dichte Polster mit sternförmigen Blattrosetten, die viel Sauerstoff liefern. Der heimische Wasserstern ist mit seinen hellgrünen Blättchen bei Aquarianern gut bekannt. Die 5–30 cm große Pflanze verankert sich im Untergrund. Sie lässt sich leicht teilen, wird in einem kleinen Pflanzkorb oder auch direkt in den Boden eingepflanzt und fängt bald an zu wachsen. Falls sie zuviel wuchert, muss man sie ausdünnen. Ihre unscheinbaren Blüten erscheinen von Juni bis Oktober. Sie eignet sich für eine Wassertiefe von 30–40 cm, verträgt jedoch keine Unterwasserkonkurrenz. Sie ist besonders wertvoll, weil sie auch im Winter grün bleibt und das Wasser mit reichlich Sauerstoff versorgt.

Die Form und Anordnung der Blätter des Wassersterns variiert stark in Abhängigkeit vom jeweiligen Standort.

Schwimmpflanzen

Feenmoos

Azolla caroliniana

☼–◐ ⬆ –  keine Blüte ≈ 0

Diese zierliche Schwimmpflanze stammt aus dem warmen Süden der USA und ist nicht winterhart. Man muss sie deshalb jedes Jahr neu aussetzen. Dann aber breitet sich das grüne Farngewächs mit 1–1,5 cm Durchmesser schnell aus. Werden die Tage im September kühler, entwickeln die Pflanzen eine rostbraune Herbstfärbung. Die Pflanzen frostsicher überwintern.

Froschbiss

Hydrocharis morsus-ranae

☼–◐ ⬆ 10 ✿ 6–8 ≈ 10–50

Eine Schwimmpflanze mit weißen Blüten von Juni bis August und herzförmigen Blättern, die aus einer Blattrosette entwachsen. Die Blattrosetten sind untereinander durch dünne Ausläufer verbunden. Mit herabhängenden Wurzeln fischt die Pflanze ihre Nährstoffe direkt aus dem Wasser, ohne wirklich verankert zu sein. Zu üppige Bestände sollten ab und zu ausgedünnt werden. Die Überwinterung erfolgt auf interessante Art: Im Herbst bilden sich Winterknospen (Hibernakeln) von ovaler Form, die etwa 10–15 mm lang sind. Der Froschbiss gedeiht am besten in weichen, kalkarmen Gewässern.

Krebsschere, Wasseraloë

Stratiodes aloides

☼–◐ ⬆ 20–40 ✿ 6–7 ≈ 30–40

Die heimische Krebsschere ist durch ihre seesternartigen Blätter ausgesprochen dekorativ. Die Hochblätter der Stiele ähneln den Scheren von Krebsen. Zum Überwintern taucht die robuste Pflanze im Herbst ab auf den Grund. Von Mai bis Juni erscheinen weiße Blüten, gleichzeitig vermehrt sich die Pflanze durch mehrere Ableger, die bei der geringsten Bewegung abreißen. Sie eignet sich für Gefäße mit 30–50 cm Wassertiefe. 1–3 Pflanzen reichen pro Gefäß. Die Krebsschere liebt neutrales bis saures Wasser.

Viele Monate lebt die Krebsschere untergetaucht. Erst zur Blütezeit im Mai erhebt sie sich aus dem Wasser.

Schwimmendes Laichkraut

Potamogeton natans

☼ ⬆ 10 ✿ 6–8 ≈ 50–80

Diese heimische Art bildet zahlreiche ca. 10 cm lange und ca. 4 cm breite glänzend grüne Schwimmblätter, die sich auf der Wasseroberfläche ausbreiten und sie schnell komplett bedecken können.

Die grünlichen Blütenähren sind ca. 8 cm lang und wirken unscheinbar. Die Pflanzen sind im Boden verankert und besiedeln Gewässer in 50–80 cm Tiefe. Als wertvolle Sauerstoff-Lieferant sind sie besonders wichtig in Gewässern mit hohem Fischbesatz.

Die Papageienfeder bedeckt schnell größere Wasserflächen. Sie braucht etwas Winterschutz.

Schwimmfarn

Salvinia natans

☼–◐ ⬆ 2 ✿ keine Blüte ≈ 0

In Deutschland vom Aussterben bedroht ist der botanisch interessante Schwimmfarn, der für die Reinhaltung des Wassers eine große Rolle spielt. Die einjährige Pflanze erneuert sich jedes Jahr über kugelähnliche Sporenbehälter, die den Winter über zum Grund absinken. Die Pflanze verfügt über keine Wurzeln, vielmehr handelt es sich bei den wurzelähnlichen Gebilden unter den trichterförmig gefalteten Schwimmblättern um Wasser- oder Tauchblätter, die für die Aufnahme von Nährstoffen aus dem Wasser sorgen.

Tausendblatt, Papageienfeder

Myriophyllum brasiliense

☼–◐ ⬆ 20 ✿ 6–8 ≈ 0–10

Die südamerikanische Schwimmpflanze verankert sich im Teichgrund und schickt auf der Wasseroberfläche lange, dekorative Triebe aus, die rundum mit hellgrünen Fiederblättern bestückt sind. Sie passt gut zu heimischen, aber auch zu tropischen Wasserpflanzen. Leider übersteht sie härtere Winter nicht und muss mit einigen Triebspitzen an hellem Standort weiter vermehrt werden. Weiches Wasser bekommt der wüchsigen Pflanze besser als hartes. Tausendblattarten sind über die ganze Welt verbreitet. Ihre grünlichen Blüten erscheinen im Sommer über Wasser an dünnen Stielen.

Wasserlinse

Lemna minor

◐–● ⬆ 0 ✿ keine Blüte ≈ 0

Ob sie eine Bereicherung ist oder eher eine Plage, darüber lässt sich diskutieren. Das »Entenflott« gelangt mit Wassergeflügel in den Teich, lässt sich also nicht vermeiden. In Miniteichen kann diese 2 mm kleine Schwimmblattpflanze interessant aussehen, in größeren Teichen wird sie allerdings eher als kritisch eingeschätzt, da sie innerhalb von wenigen Wochen die gesamte Wasseroberfläche abdecken kann. Den anderen Pflanzen wird damit das dringend benötigte Licht entzogen und das Wasser abgekühlt. Besonders Seerosen leiden beträchtlich darunter. Nährstoffreiches und beschattetes Wasser fördert die Ausbreitung der jedes Jahr wiederkehrenden Pflanze. In voller Sonne erleidet sie jedoch Verbrennungen, in frischem nährstoffarmen Wasser verhungert sie sogar. Falls die Blättchen stören, kann man sie wiederholt abfischen.

Wassernuss

Trapa natans

☼–◐ ⬆ 2 ✿ 6–8 ≈ 30–80

Eine schöne und interessante Schwimmblattpflanze, die im Herbst dunkelbraun gestachelte, essbare Früchte entwickelt. Die Wassernuss entwickelt sich jedes Jahr aus den Früchten neu und verankert sich dabei an gefiederten Wurzeln im Boden. Die Blattstiele fungieren als Schwimmkörper. Dafür sind sie mit Luft gefüllt und tragen die rautenförmigen glänzenden Blätter, die auf dem Wasserspiegel aufliegen. Im Herbst färben sie sich rot. Die Wassernuss ist auch für Miniteiche in besonnter Lage geeignet. Die Wassernuss steht unter Naturschutz, deshalb nur im Fachhandel kaufen. Bei Transport und Einpflanzen darf der Trieb nicht von der Nuss abgetrennt werden.

TIPP

Verwenden Sie anstelle der problematischen Wasserlinse das zierliche subtropische Feenmoos *(Azolla caroliniana)*. Es treibt ähnlich auf der Wasseroberfläche, erfriert jedoch zuverlässig über den Winter.

Von den essbaren Früchten der Wassernuss ernährten sich bereits die Menschen der Steinzeit.

Der Wasserschlauch geht mit seinen Schwimmbläschen auf Jagd nach Mücken und kleinen Insekten.

Wasserschlauch

Utricularia vulgaris

☼–◐ ⬆5 ✿6–8 ≈0–50

Die zierliche Schwimmpflanze verträgt wie die Wassernuss wärmeres Wasser und kann deshalb ähnlich gut in kleinen Gefäßen verwendet werden. Aus zahlreichen verzweigten Trieben ragen in der sommerlichen Blütezeit gelbe, zierliche Blüten aus dem Wasser. Die »fleischfressende« Pflanze ist gerne gesehen, denn sie fängt mit Hilfe von Bläschen kleine Insekten, Mückenlarven und Wassertiere und ernährt sich davon. Der Fangmechanismus reagiert schnell und ist sehr effektiv. Der Name bezieht sich auf schlauchartigen Verdickungen an den Wurzeln. Erst im Sommer wird die botanisch interessante Kannibale sichtbar, in den warmen Sommermonaten taucht sie an 40–60 cm langen Trieben aus der Tiefe. Die Blätter sind fein gegabelt mit haarfeinen Zipfeln, die der Pflanze ein zartes, feines Aussehen verleihen.

Besonders attraktiv sind die löwenmaulähnlichen goldgelben Blüten, mit ca. 2 cm Durchmesser von beachtlicher Größe. Sie stehen deutlich über dem Wasser und sind damit eine Zierde für jeden Gartenteich.

Der Wasserschlauch ist eine herrliche Rarität. Die Pflanze fühlt sich in flachem, warmem und nährstoffreichem Wasser besonders wohl. Sie überwintert mit Winterknospen, den Hibernakeln, im Schlamm. Ähnlich ist der Kleine Wasserschlauch *(Utricularia minor)*, der ebenfalls wurzellos im Wasser treibt und sich mit Schlammsprossen am Grund verankert.

Pflanzen für mittleren und tiefen Wasserstand

Seekanne
Nymphoides peltata

☼–◐ ⬆5 ✿7–9 ≈20–60

Man kann sie mit der Seerose verwechseln, solange man nur die kleinen Blätter sieht. Erst, wenn die gefransten, goldgelben Blüten im Juli oder August aus dem Wasser ragen, wird die Sache klar. So schön sie ist, kann die Seekanne doch zum Wuchern neigen. Es ist daher angebracht, den dünnen, kriechenden, langen Wurzelstock in Körben oder Wasserpflanztüten unterzubringen. Oft tritt sie zusammen mit Seerosen auf.

Die glänzend grünen Blätter ähneln denen von Seerosen, sind aber etwas kleiner.

Teichmummel, Gelbe Teichrose
Nuphar lutea

☼–● ⬆15 ✿6–9 ≈40–150

Die heimische Teichmummel findet man oft in der Gesellschaft von Seerosen. Sie ist ein Bewohner größerer und tieferer Gewässer. Im ersten Jahr entwickeln sich oft nur die Schwimmblätter, im zweiten Jahr erscheinen die attraktiven Blüten. Die Teichmummel braucht weniger Licht als Seerosen und kann daher im Halbschatten und sogar im Schatten eine attraktive Bereicherung sein.

Die Teichmummel braucht mindestens 40 cm Wassertiefe. Sie ist daher nicht für flache Gefäße geeignet.

Teichsimse

Schoenoplectrus lacustris

☼–◐ ⬆ 150 ✿ 7–8 ≈ 20–60

Im Alter bildet die wüchsige Simse dichte, stabile Horste, die alle drei bis vier Jahre nach einer Teilung verlangen. In eine naturgemäße Bepflanzung passen die grünen, runden Halme gut hinein. Höhe 120–150 cm, an naturgerechtem Standort auch bis zu 2 m. Die bräunlichen Blütenbüschel sind unscheinbar. Sie erscheinen von Juli bis August. Die Pflanzen werden häufig in biologischen Kläranlagen verwendet, denn sie sind in der Lage, effektiv Schadstoffe abzubauen (sogar komplizierte Verbindungen) und damit das Wasser zu entgiften.

Die Halme der Teichsimse enden in bräunlichen, buschigen Blütenähren.

Zebrasimse

Schoenoplectrus tabernaemontanii 'Zebrinus'

☼–● ⬆ 80–120 ✿ 7–8 ≈ 0–15

Die grasähnliche Simse hat zarte, gelb geringelte Halme, die vor dunklem Hintergrund oder sattgrünen Blättern von Pfeilkraut oder Seerosen gut zur Geltung kommen. Sie braucht einen windgeschützen Standort. Höhe 100–120 cm. Die Pflanzen wachsen etwas niedriger als die Teich-Simse, ansonsten sind sich beide Arten sehr ähnlich. Die braunen Blütenbüschel erscheinen ebenso von Juli bis August. In Miniteichen dominieren die Pflanzen und sollten daher mit Bedacht gepflanzt werden. In größeren Teichen sind sie biologisch wertvoll.

Mit ihren auffälligen Streifen ist die Zebra-Simse unter Teichbesitzern sehr begehrt.

Pflanzen für den mittleren bis flachen Wasserstand

Blumenbinse, Schwanenblume

Butomus umbellatus

☼–◐ ⬆ 60–100 ✿ 6–8 ≈ 10–40

Die attraktive Schwanenblume blüht viele Wochen. Sie fühlt sich vor allem an stark besonnten Stellen wohl, ist aber sonst sehr robust und sogar in der Lage, Schadstoffe abzubauen und damit das Teichwasser auf Bioart zu reinigen. Die Blütezeit liegt zwischen Juni und August. Ideal auch für Kleinstteiche. Höhe 60–80 cm.

Straff aufrecht steht dagegen die zierlich wirkende Blumenbinse.

Zyperngrassegge, Tränensegge

Carex pseudocyperus

☼–● ⬆ 60–70 ✿ 7–8 ≈ 0–10

Wegen ihres grazilen, wenig steifen und etwas hängenden Wuchses wird die Tränensegge gerne in Gartenteichen und größeren Gefäßen verwendet. Sie ist besonders wüchsig, gedeiht üppig und erfreut durch hellgrünes, zierlich schilfartiges Laub. Die Blüten sind in herabhängenden, etwa 5 cm langen Ähren angesiedelt. Höhe 60–80 cm.

Die Zyperngrassegge wächst grazil und leicht überhängend.

Hechtkraut

Pontederia cordata

☼ ⬆ 50–70 ✿ 7–9 ≈ 20–40

Eine der schönsten Wasserpflanzen bescherte uns Südamerika: das Hechtkraut. Es ist in Brasilien beheimatet und damit eine der wenigen Wasserpflanzen mit breiter Verwendung, die nicht aus der heimischen Natur stammen. In den meisten Wintern reicht die Frostfestigkeit aus, nur in extremen Jahren können die Pflanzen erfrieren. Pflanzen Sie nicht zu flach, hüllen Sie den Miniteich in Laub oder Stroh ein oder bringen die Pflanzen an einen frostsicheren Platz. Die von Juli bis September erscheinenden wunderschönen stahlblauen Blüten wiegen diese Mühe auf. Höhe 50–60 cm.

Das blaue Hechtkraut zählt zu den schönsten Wasserpflanzen und blüht lange.

Pfeilkraut

Sagittaria latifolia

☼–◐ ⬆ 60–80 ✿ 6–8 ≈ 10–40

Das Pfeilkraut ist an vielen Stellen auf der nördlichen Halbkugel verbreitet, auch in Europa. Mit pfeilförmigen Blättern heben sich die hübschen weißen, ausdrucksvollen Blüten mit gelben oder braunen Staubfäden-Puscheln 70–80 cm hoch über den Wasserspiegel. Neben der breitblättrigen Form ist auch die etwas weniger attraktive Gewöhnliche Pfeilkraut *(Sagittaria sagittifolia)* verbreitet, ebenfalls die gefüllte Form 'Plena'.

Alle Arten sind winterhart. Pfeilkraut blüht von Juni bis August.

Die großen weiß-gelben Blüten des Pfeilkrautes erscheinen von August bis Oktober.

Rohrkolben

Typha angustifolia, Typha minima

☼–◐ ⬆ 60–80 ✿ 6–9 ≈ 10–15

Von den Rohrkolben-Arten gehört der stark wuchernde Breitblättrige Rohrkolben *(T. maxima)* nur in größere Teiche. Auch können die kräftigen Rhizome während des Austriebs der Folie gefährlich werden. Für kleinerer Teiche und Gefäße haben sich der in allem schwächer wachsende Schmalblättrige Rohrkolben *(T. angustifolia)* mit 120 cm Höhe und der Kleine Rohrkolben *(T. minima)* bewährt. Mit ihren nur 60–80 cm hohen Halmen passen die zierlichen Pflanzen perfekt zu Miniteichen. Er wird nur 60–80 cm hoch. Bevorzugte Wassertiefe des Kleinen Rohrkolbens: etwa 20 cm.

Nur der schwach wachsende Kleine und der Schmalblättrige Rohrkolben eignen sich für Gefäße.

Tannenwedel

Hippuris vulgaris

☼–● ⬆ 40–50 ✿ 6–8 ≈ 0–40

Wie Pflanzen aus der Urzeit winden oder strecken sich seine nadelartigen, in Quirlen angeordneten Blätter an tannenbaumartigen Trieben 30–40 cm hoch aus dem Wasser empor. Die Blüten sind unauffällig – dafür ist die Erscheinung der heimischen Wasserpflanze dekorativ genug. Sie ist sehr wüchsig, weshalb sie immer in Körben oder Gefäßen stehen und die weichen Rhizome gelegentlich eingekürzt werden sollten. Tannenwedel zählt zu den wichtigsten Favoriten für Becken auf Balkon und Terrasse, allerdings wollen sie windgeschützt stehen.

Tannenwedel sehen urig aus. Sie wachsen leicht und üppig.

Sumpfpflanzen

Blutweiderich

Lythrum salicaria

 70–120 8–9 ≈0–10

Im Hochsommer setzt die violettrosa Blüte ein und zieht sich bis in den Herbst hinein. Die kerzenartigen Blütenstände werden 70–120 cm hoch. Die Blüten ziehen zahlreiche Schmetterlinge an. Eine der dankbarsten Pflanzen für Gefäße. Als Sumpfpflanzen kommen sie auch mit normal feuchten Böden zurecht. Interessant sind auch Sorten vom Staudengärtner, die kompakter wachsen und intensivere Farben zeigen.

Blutweiderich ist eine ideale Staude für den Uferbereich. Eine kompakte Sorte ist 'Rosensäule'. Sie wird 80 cm hoch und blüht violettrosa.

Fieberklee, Bitterklee

Menyanthes trifoliata

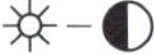 20–30 4–5 ≈5–30

Im Uferbereich, teils im Wasser, teils außerhalb, breitet sich die Sumpfpflanze mit fleischigen Trieben aus. Die weißen, auf der Rückseite rosa, mit feinen Härchen bewimperten Blüten erscheinen frühzeitig im Mai, gleich nach der Sumpfdotterblume, mit der sie Vorlieben und Ansprüche teilt. Eine schöne, empfehlenswerte Wasserpflanze, die sich in weichem Wasser wohlfühlt. Der Fieberklee erreicht eine Wuchshöhe von 20–30 cm.

Beim Fieberklee sind die weißrosa Blüten zart bewimpert. Die attraktiven Pflanzen für flaches Wasser blühen im Mai.

Froschlöffel

Alisma plantago-aquatica

☼–◐ ⬆ 50–80 ✿ 7–9 ≈ 5–30

Froschlöffel ist ungeheuer wüchsig. Die halb aufrecht stehenden löffelförmigen Blätter bringen Blütenstände filigraner Art hervor, nicht auffällig, aber doch bestimmend – ein Gartenteich braucht auch die grünlichen Zwischentöne, damit andere Blumen umso deutlicher wirken können. Dafür können die schleierkrautähnlichen Samenstände im Herbst für Trocken sträuße Verwendung finden. Höhe 60–80 cm, Blüte von Juli bis in den September. Die Blüten werden vom Wind bestäubt. Achtung: Blätter und Wurzelstock sind giftig, deshalb in Haushalten mit Kindern nicht pflanzen.

Gauklerblume

Mimulus luteus

☼–◐ ⬆ 15–60 ✿ 5–8 ≈ Sumpf

Sie zählt zu den Sumpfpflanzen, die am üppigsten blühen. Von Juni bis in den Herbst hinein erscheinen immer wieder neue, gelb oder gelb-rot gefleckte Blüten. Mitunter sät sich die Art selbst wieder aus. Es gibt auch Kultursorten mit großen, herrlich gefleckten Blüten, die durch einen Rückschnitt nach der Blüte bald wieder neue Blütenstände hervorbringen. Höhe: je nach Sorte 15–60 cm. Soll sie sich nicht verbreiten, sofort nach der Blüte abschneiden. Die Pflanzen gedeihen am besten in frischem Boden. Stehen sie einige Jahre, nimmt der zunächst üppige Blütenreichtum ab.

Die Kombination von buschigem und aufstrebendem Wuchs ergibt ein interessantes Ergebnis. Hier ist Gelb das Thema: Gauklerblume und Gelbe Wasserschwertlilie leuchten um die Wette. Als Farbenbringer im Frühjahr passt dazu die goldgelbe Sumpfdotterblume.

Gelbe Wasserschwertlilie

Iris pseudacorus

☼–◐ ⬆ 80–90 ✿ 6–7 ≈ 0–20

Sie gehört zu den Standards. Sehr robust und zuverlässig im Mai blühend, in der Sonne und im Halbschatten, zählt sie zu den schönsten einheimischen Wasserpflanzen. Die hellgelben, hübsch gezeichneten Blüten halten zwar nur kurze Zeit, dafür erscheinen sie aber zahlreich. Die fleischigen Rhizome neigen etwas zum Wuchern, sodass sie besser in große Körbe gepflanzt werden sollten. An die Pflege stellen die wüchsigen Pflanzen keine Ansprüche. Auch sie können als Sumpfpflanzen im mäßig-feuchten Uferbereich gedeihen.

Die heimische Gelbe Wasserschwertlilie ist hier mit der Gauklerblume kombiniert.

Japanische Iris

Iris ensata, syn. I. kaempferi

☼ ⬆ 70–80 ✿ 6–7 ≈ Uferrand

Bei der schönsten aller Iris stehen alle Blütenblätter seitlich ab oder hängen leicht nach unten. Sie wächst gut unter normalen Sumpfbedingungen, sollte aber etwas erhöht stehen, damit sie den Winter über trockener steht. In dieser Zeit bekommt ihr Staunässe schlecht. Die Blütezeit liegt im Juni. Es gibt herrliche Sorten in Blau, Rosa oder Violett. Höhe 50–60 cm. Die eher zierlichen Pflanzen benötigen genügend Licht und brauchen etwas Abstand zu Nachbarpflanzen. Umso besser sieht eine Gruppe von mehreren Japaniris aus.

Ein besonderes Kleinod ist die Japanische Iris. Sie hat große, waagerecht abstehende Blüten.

Sumpfiris, Asiatische

Iris laevigata

☼–◐ ⬆ 60–70 ✿ 6–7 ≈ 0–10

Wie die Japaniris bilden die Blüten dieser nahe verwandten Art keinen aufrecht stehenden Dom, sondern hängen nach allen Seiten dekorativ und farbenprächtig herab. Es gibt mehrere Kultursorten, meist in blauen und rosa, purpurroten und gestreiften Farben. Diese Iris kann das ganze Jahr im flachen Wasser stehen, ist also weniger anspruchsvoll als die Japaniris. Die Blütezeit dauert von Juli–August. Sofern sie genügend Sonne bekommt, gedeiht und blüht sie üppig. Damit zählt sie zu den wichtigsten Irisarten für den Teich.

Mit leuchtend blauen Blüten erfreuen die Asiatischen Sumpfiris von Juni bis Anfang August.

Sumpfdotterblume

Caltha palustris

☼–◐ ⬆ 20–30 ✿ 4–5 ≈ 0–20

Wenn Bäche und Teiche erwachen, leuchten die gelben Butterblumen, so heißt die Sumpfdotterblume im Volksmund. Üppig verbreitet sie sich überall, ohne dabei lästig zu fallen. Die gefüllte Kultursorte 'Multiplex' mit sattgelben, runden, dicht gefüllten Blüten setzt 10 Tage früher mit der Blüte ein als der Wildtyp und verlängert damit die Blühsaison. Manchmal blüht sie nochmals im Herbst. Sie wird 20–30 cm hoch, möchte aber als Sumpfpflanze nicht ständig im Wasser stehen, deshalb nicht zu tief pflanzen.

Sogar im Balkonkasten blüht die Sumpfdotterblume üppig, und das früh im Jahr.

Sumpfvergissmeinnicht

Myosotis palustris

☼–◐ ⬆ 20–30 ✿ 5–8 ≈ Sumpf

Diese wüchsige und sehr lange blühende Sumpfpflanze verzaubert mit ihrem hellen Himmelblau monatelang die Uferränder und versetzt sie von Mai bis in den Herbst in blaue Wolken. Wenn sich die als Staude wachsende Pflanze zu stark verzweigt und im Blühen nachlässt, bringt man sie durch Rückschnitt schnell wieder in Form. Das schnell wachsende Sumpfvergissmeinnicht zählt zu den beliebtesten Wasserpflanzen. Vom nahe verwandten Wiesen-Vergissmeinnicht unterscheidet es sich durch hellere Blüten und längere Blütezeit.
Höhe ca. 25 cm.

Das Sumpfvergissmeinnicht gedeiht im nassen Uferbereich. Es sollte in jedem Miniteich stehen.

Wasserdost

Eupatorium purpureum

☼–◐ ⬆ 120 ✿ 8–10 ≈ 0–10

Soll Ihr Gartenteich ein Schmetterlingsparadies werden? Dann darf der bis zu 2 m hoch wachsende Wasserdost nicht fehlen, der mit seinen rosa oder purpurrosa schirmartigen Blütendolden im September und Oktober zum Mekka aller Falter, Bienen und Hummeln wird. Die robusten Pflanzen dieser Art vertragen sogar leichte Trockenheit. Weniger empfehlenswert ist die in Deutschland wilde Art *Eupatorium cannabinum* mit helleren rosafarbenen Blüten, die sich allzu leicht versamt und damit schnell lästig wird. Außerdem wachsen diese Pflanzen weniger kompakt.

Für größere Gefäße eignet sich der Purpur-Wasserdost. Er ist ein Magnet für Insekten.

Frostempfindliche Pflanzen aus südlichen Ländern

Wer hätte nicht schon einmal von der Südsee geträumt, von märchenhaft schönen Blüten, üppigen Pflanzen und schäumenden Wasserfällen. Träume können auch bei uns zur Wirklichkeit werden. Mit etwas Technik ist fast alles machbar, in einem Wintergarten, im Gewächshaus oder im Freien an einem vollsonnigen, geschützten Standort und in einem geheizten Becken. Wo das Klima zu kalt ist, erwärmen Heizkabel das Wasser auf angenehme 22–26 °C. Solaranlagen halten dabei die Kosten niedrig. Doch die meisten in Deutschland erhältlichen Wasserpflanzen kommen auch ohne solche Hilfe klar. Für die Überwinterung exotischer Pflanzen wird ein frostfreier, heller Raum benötigt.

Südliches Ambiente

Bananen, Palmen und südlich anmutende Kübelpflanzen in Töpfen in unmittelbarer Nähe, Papyruspflanzen von imposanter Höhe, ein Büschel Zyperngräser (alles in Gefäßen den Sommer über im Teich versenkt) und in der Umgebung Beetpflanzen aus dem Süden wie der duftende Heliotrop, die Buntnessel *(Coleus)*, Ziertabak, Indisches Blumenrohr *(Canna)* und Drachenflügel-Begonien zaubern tropische Atmosphäre herbei. Auf den Wellen schwimmen in Trupps blaue Wasserhyazinthen, umschwärmt von den eigenartig geformten Blättern der Muschelblume *(Pistia stratiodes)*. Als besondere Kleinode fügen wir die wie weiße Perlen aufgereihten Blütchen der Afrikanischen Wasserähre hinzu, den Wassermohn *(Hydrocleys nymphoides)* mit schwefelgelben Schalenblüten und ergänzen im Hintergrund mit dem vornehmen Blau des Hechtkrautes *(Pontederia)* aus Brasilien und dem Knallrot der Kardinals-Lobelie *(Lobelia cardinalis)*, die sowohl im flachen Wasser als auch in feuchten Beeten gedeihen kann. In größeren Töpfen kann man auch die Zimmerkalla *(Zantedeschia aethiopica)* unterbringen, eine früher sehr bekannte Topfpflanze, der der Aufenthalt im Flachwasser den Sommer über gut bekommt, was sie mit zahlreichen weißen Schalenblüten dankt und mit imposanten lackartig glänzenden Blättern. Tropenambiente kommt auch mit Taro *(Collocasia esculenta)* auf, einer in warmen Ländern weit verbreiteten Sumpfpflanze mit großen dekorativen Blättern, von der es grün- und violettblättrige Sorten gibt. Man kann sie auch bei normaler Feuchtigkeit als Kübelpflanze kultivieren und mit weiteren aktuellen Südländern kombinieren, zum Beispiel mit Ziergräsern oder Bataten (Süßkartoffeln), von denen es neben grün- auch violettblättrige Sorten gibt und exotisch gefleckte Varianten.

Besondere Blickfänge können Sie mit den faszinierenden tropischen Seerosen *(Nymphaea × daubenyana)* in exotischen Farben, den anspruchsvollen Lotosblumen *(Nelumbo lutea)* und mit den wüchsigen herrlich blauen, botanisch interessanten Wasserhyazinthen *(Eichhornia crassipes)* schaffen.

Afrikanische Wasserähre
Aponogeton distachyus

☼–◐ ⬆ 2–3 ✿ 6–10 ≈ 10–50

Trotz ihrer afrikanischen Heimat kann diese sehr schöne Wasserpflanze mit weißen Blütenähren, bei uns im Freien überwintern, vorausgesetzt, sie verbleibt in eisfreien Zonen. Mit zungenförmigen Blättern breitet sie sich auf der Wasseroberfläche aus und bringt 2–3 cm über dem Wasserspiegel ab Mai–Juni bis in den Oktober zahlreiche Blütenähren hervor. Die Wassertiefe spielt keine besondere Rolle, von 10 cm bis 50 cm passt jeder Wasserstand. Im Wintergarten blüht sie durch, wenn die Temperatur wärmer ist als 10 °C. Hier kommt ihr herrlich Vanilleduft gut zur Geltung.

Schnuppern lohnt sich bei der Afrikanischen Wasserähre, denn ihre hübschen weißen Blüten duften intensiv nach süßer Vanille.

Feenmoos
Azolla mexicana

☼–◐ ⬆ 1 ✿ keine Blüte ≈ 0

Die hübsche, allerdings auch sehr stark wuchernde Schwimmpflanze aus Mexiko ist eine Zierde, wenn man nur einige davon auf der Oberfläche treiben lässt. Die pfenniggroßen, smaragdgrünen Sprossen färben sich nach dem ersten Frost rot. Im Gegensatz zu den heimischen Wasserlinsen *(Lemna minor)*, von denen ich wegen ihres Verbreitungsdrangs dringen abrate, stirbt das Feenmoos im Winter ab. Sollte es Ihnen nicht gefallen, hat sich damit das Problem erledigt. Wollen Sie es weiter vermehren, genügt es, einige Exemplare in einem Gefäß frostfrei zu überwintern. Das Feenmoos eignet sich nur für ruhige Gewässer. Sind Fontänen im Einsatz, sollten Sie wegen Verstopfungsgefahr auf andere Pflanzen ausweichen. Die hübsche Struktur der Blätter wirkt wie genarbt und ähnelt einem Teppich. Dies macht die pflegeleichte Pflanze besonders interessant für Gefäße, die man aus der Nähe anschauen möchte, zum Beispiel in formalen und Designergärten.

Indianischer Wasserreis
Zizania aquatica

☼–◐ ⬆ 80–100 ✿ 6–8 ≈ 10–20

Der Indianerreis *(Zizania aquatica)* aus Kanada ist eine weitere Besonderheit, die sich mit ihren 80–100 cm Höhe auch für Miniteiche eignet. An grazilen überhängenden Halmen trägt dieses einjährige Wildgemüse dekorative Rispen mit essbaren ca. 0,8 cm langen Körnern, die wir als schmackhafte Delikatesse unter der Bezeichnung »Schwarzer Wildreis« aus Restaurants kennen. Die einjährigen robusten Pflanzen werden ähnlich wie vorige in Schalen gesät und im 10–20 cm tiefem Flachwasser kultiviert.

Indisches Blumenrohr

Canna indica und *Canna flaccida*

☼ ⬆ 150–200 ✿ 5–10 ≈ 0–10

Allgemein bekannt ist die Tropenschönheit als üppig wachsende Beet- und Schalenpflanze für normale Feuchtigkeitsbedingungen. Sie kommt jedoch aus den indischen Sümpfen und wagt sich sogar ins flache Wasser. Neben roten, gefleckten und gelben Sorten erzeugt die gelb-orange 'Tropicanna' mit einem Wuchs von 160–200 cm und mit ihren dekorativ gezeichneten Blättern tropische Atmosphäre. *Canna flaccida* aus den US-Südstaaten hat zierlichere gelbe Blüten und erreicht eine Höhe von 150–170 cm. Im Herbst werden vor den ersten Frösten die fleischigen Rhizome entnommen und frostfrei in Torf oder humusreicher Erde gelagert. Im Februar beginn nach kurzer Ruhe das Antreiben, damit von Mai bis Oktober viele üppige Blüten zur Verfügung stehen. Das Indische Blumenrohr stammt nicht aus Indien, sondern aus Westindien, der Karibik. Die Pflanzen gedeihen hervorragend auch in größeren Gefäßen. Die Riesen-*Canna flaccida*-Sorten 'Marabout' (orange mit grünen Blättern) und 'Ibis' (orange mit braunroten Blättern) erreichen eindrucksvolle 200 cm Höhe.

Als Wasserpflanze ist das Indische Blumenrohr hierzulande kaum bekannt. Es gedeiht in größeren Gefäßen ausreichend Nährstoffe vorausgesetzt.

Kardinalslobelien

Lobelia cardinalis, L. speciosa, L. siphilitica

☼–◐ ⬆ 40–70 ✿ 8–10 ≈ 0–10

Einige Lobelien-Arten sind schöne, dekorative Sumpfpflanzen, die in Gefäßen und am Uferrand von kleinen Wassergärten lange blühende Akzente setzen. Leuchtend rot sind die dicht besetzten, etwa 60 cm hohen Blütenkerzen der Roten Kardinalslobelie *(L. cardinalis)*, die allerdings nicht ganz winterhart ist und besser im Haus überwintert. Soll sie über Winter im Freien ausgepflanzt bleiben, ist auch eine 10–15 cm dicke Abdeckung aus Laub empfehlenswert, die Mitte Mai, nach dem Ende der Fröste abgeräumt wird.

Aus Kreuzungen entstand *Lobelia × speciosa*, eine wunderschöne, monatelang blühende Gartenstaude der 'Fan'-Serie von Benary mit 40–60 cm Höhe. Die Blütenfarben variieren je nach Sorte von Leuchtendrot über Rosa bis Violettblau. Die wüchsigen Stauden werden im Spätsommer häufig im Pflanzenhandel blühend angeboten und können dann nach Belieben ausgepflanzt werden. Auch die eigene Anzucht aus Samen ist möglich, die Pflanzen gedeihen schnell und blühen lange und üppig bis in den Spätsommer.

Sie passen an feuchte Uferränder und in Sumpfpartien, sind winterhart und mehrjährig wie die empfehlenswerte *Lobelia siphilitica* aus Nordamerika, die von August bis September mit blauen Blüten erfreut. Diese Sumpfpflanze verträgt auch normalfeuchte bis trockene Verhältnisse. Übrigens: Lobelien wuchern nicht.

Bereits im Austrieb der Kardinalslobelie sind die attraktiven, rötlich gefärbten Stängel und Blätter bei manchen Sorten deutlich sichtbar.

Die Kardinalslobelie ist eine lange blühende Schönheit. Allerdings braucht sie zum Überwintern etwas Schutz.

Lotosblume

Nelumbo lutea

☼ ⬆ 60–80 ✿ 8–9 ≈ 10–30

Die Traumpflanze vieler Wassergärtner ist in Nordamerika und Asien verbreitet. In Ägypten galt sie als heilige Pflanze und rund ums Mittelmeer findet man auch heute noch ausgedehnte Wildbestände. Die asiatischen Arten gelten als heikel, doch die aus Nordamerika stammende Nelumbo lutea gedeiht in günstigen Klimagebieten Süddeutschlands mit Erfolg. Nur in nassen und regnerischen Sommern haben die fleischigen Rhizome Schwierigkeiten, vor dem Winter gut auszureifen. Während die asiatischen Arten der Lotusblume sehr hohe Ansprüche an die Wasser- und Lufttemperatur stellen, sind die Arten aus Nordamerika (z. B. *Nelumbo lutea*) in günstigem Weinbauklima fast winterhart. Die einer Banane ähnelnden Rhizome können im Freien unter einer dicken Laubschicht überwintern. Im Sommer entwickeln sie viele 60–80 cm hohe Blätter und rosen-ähnliche Blüten. Sicherheitshalber sollten die Rhizome an einem frostfreien Ort eingeschlagen oder in Kisten mit humsreicher Erde gelegt überwintern. Vorsicht beim Bewegen der brüchigen Rhizome, sie sind ohne Triebspitze nicht mehr lebensfähig. Pflanzen Sie sie ohne andere Begleitpflanzen in größere Behälter, damit sie sich in voller Schönheit entfalten können.

Die Lotosblume braucht nährstoffreiche Erde mit organischem Dünger (z. B. Hornspäne) in einer dicken Schicht von 30–40 cm humusreicher Erde. Samt Behälter kann man die Rarität an einen voll sonnigen, geschützten Platz und bei flachem Wasserstand (10–30 cm) zur Blüte bringen. Die elegant geformten bauchig-spitzen Knospen öffnen sich graziös in hellem Rosa. Originell und deshalb für die weihnachtliche Blumenbinderei sehr gefragt sind die haltbaren braunen gelöcherten Samenstände. In Japan werden die dicken fleischigen und löcherigen Rhizome sauer eingelegt und gegessen.

Die zauberhafte Lotosblume kommt nur unter sonnigen, warmen und geschützten Bedingungen zur Blüte. Ein Versuch lohnt sich in flachen Gefäßen.

Mandschurischer Wildreis

Zizania latifolia

☼–◐ ⬆ 150 ✿ keine Blüte ≈ 10–20

Diese Reisart bringt bei uns keine Samen, dafür kann sie mit einem imposanten Anblick aufwarten. Mit ca. 150 cm Höhe und schwertförmigen leicht übergeneigten Blättern ähnelt sie unserem Rohrkolben *(Typha maxima)*. Es werden keine Blütenstände entwickelt, dafür kann die Staude mit einer eindrucksvollen rotbraunen Herbstfärbung aufwarten, die bis weit in den Winter hin anhält.

Papageienblatt, Eidechsenschwanz

Houttuynia cordata

☼–◐ ⬆ 40–50 ✿ 8–9 ≈ 0–10

Die bis zu 50 cm hohe winterharte Staude aus dem Himalaya und Taiwan schmückt sich weniger mit den relativ unscheinbaren weißen Blütchen als mit kunterbunt gemusterten Blättern in Farbtönen wie Grün, Rot, Violett, Weiß und Weinrot. Nach spätem Austrieb entwickelt sie sich bis zum Frost sehr üppig als Bodendecker, der gut in sumpfige Miniteiche passt.

Der Mandschurische Wildreis ist durch seine Ausmaße nicht für kleine Gefäße geeignet, wohl aber für etwas größere Teiche mit Naturcharakter.

Das Papageienblatt macht seinem Namen alle Ehre. Die bunt gesprenkelten Blätter sind eine Attraktion in jedem Gefäß.

Papyrus

Cyperus papyrus

☼–◐ ⬆60–160 ✿8–9 ≈10–20

Echtes Papyrus vom Nil, das bringt nicht nur subtropische Atmosphäre, es ist auch botanisch interessant. Die grasartigen quirlig angeordneten Blätter hängen in elegantem Bogen herab. Die imposante wärmebedürftige Kübelpflanze darf nie trocken stehen. Verwenden Sie daher nicht zu große wasserdichte Kunststoffgefäße, die man den Sommer über im flachen Wasser des Teiches (maximal 10 cm unter dem Wasserspiegel) versenken kann. Auch im frostfreien Wintergarten ist die immergrüne Pflanze ganzjährig gut aufgehoben. Aus Samen kann man das wüchsige Papyrusgras leicht anziehen. Optimale Temperatur ist 15 °C, die minimale Temperatur kurzfristig + 1 °C, nach oben sind keine Grenzen gesetzt. Papyrus braucht in der Kulturzeit von März bis September alle zwei Wochen flüssige Düngung, wird er im warmen Wintergarten kultiviert, dann auch im Winter 1–2 mal pro Monat. Die starkwüchsigen Pflanzen brauchen alle 1–2 Jahre ein größeres Gefäß. Das Zyperngras *(Cyperus longus)* ist eine winterharte Alternative.

Das wärmeliebende Papyrus darf nie trocken werden. Samt Kübel kann man die Pflanzen den Sommer über im Teich versenken.

Papyrus wächst grasartig und lässt sich als exotische Kübelpflanze ziehen. Je nach Sorte werden die Pflanzen 70–300 cm hoch.

Sumpfeibisch

Hibiscus moscheutos

☼ ⬆ 60–80 ✿ 8–9 ≈ Sumpf

Die im Frühherbst als prächtige Topfstaude angebotene ca. 80 cm hohe Hibiscus-Art aus dem Südwesten der USA (Florida, Virginia, New York, Michigan) würde wohl jeder eher als Kübelpflanze einordnen denn als Sumpfbewohner. Dennoch ist sie sehr anpassungsfähig und gedeiht in normal feuchter Erde als auch am feuchten Uferrand. Die heute angebotenen Sorten des Riesen-Hibiskus wie 'Plum Crazy' (kirschrosa), 'Kopper King' (zartrosa), 'Old Yella' (gelb) oder 'Southern Belle' (rosa) sind ausreichend winterhart, wenn man sie mit einer Schicht Laub vor dem Frost schützt. Die Blüten können bis zu 25 cm Durchmesser erreichen.

Taro

Collocasia esculenta

☼–◐ ⬆ 80–100 ✿ keine Blüte ≈ Sumpf

Die großen Blätter und die armdicken, außen braunen, innen weißen Wurzeln der in den Tropen weit verbreiteten Pflanze sind essbar und enthalten viel Stärke. Auf Hawaii wird daraus das breiartige Nationalgericht »Poi-Poi« bereitet. Gärtnerisch interessant sind die schön geformten, glänzend grünen oder violetten Blätter, die eine dekorative Zierpflanze abgeben. Bis zu 1 m hoch, passen die wärmeliebenden Südländer in Wintergärten, als mächtiger Hintergrund an Gefäße, Mauern oder Sichtschutzwände. Gute Partnerpflanzen sind Süßkartoffeln, Efeu, Canna, Zierbananen oder tropische Seerosen.

Der Sumpfeibisch aus dem Südwesten der USA fällt auf durch riesige Blüten. Die oberirdischen Pflanzenteile sterben im Winter ab, die Pflanze treibt im Frühjahr neu aus.

Wasserhyazinthe

Eichhornia crassipes

☼ ⬆ 20–30 ✿ 6–9 ≈0

Mit ihren großen stahlblauen Blüten und der orchideenähnlichen Zeichnung sind die Wasserhyazinthen aus Südamerika eindrucksvolle Erscheinungen. So wie die Blüten angeordnet sind, ähneln sie entfernt Hyazinthen. Mit einem kräftigen Stiel und je nach verfügbarem Licht zart oder kräftiger blau, mitunter auch zart lila erheben sie sich aus den fleischigen, glänzend grünen Blättern. Der bauchige, ballonförmige Schwimmkörper trägt das Ganze und schickt dicke Wurzelbärte ins Wasser, aus dem die Nährstoffe bezogen werden. Wasserhyazinthen sind dekorative Einzelstücke, die schon mit wenigen Exemplaren viel Aufmerksamkeit hervorrufen. An einem sonnigen, warmen geschützten Platz blühen sie zwischen Juni und September.

Die Pflanzen sind in warmen Ländern sehr vermehrungsfreudig. Schon wenige Pflanzen, die der König von Siam von einer Amerika-Reise mitbrachte, genügten, um die Flüsse in ganz Thailand mit der Wasserhyazinthe zu beglücken, manchmal auch zu verstopfen, so dass die Schifffahrt empfindliche Störungen erleidet. In den Tropen wird die Wasserhyazynthe auch zur biologischen Klärung von Abwässern eingesetzt. Die im Herbst gebildeten neuen Schwimmkörper überwintern an einem sehr hellen Standort im Wintergarten oder im Gewächshaus bei Temperaturen von 8–12 °C. Wählen Sie im Freien einen Standort, der so sonnig und warm wie möglich ist.

TIPP

Hätten Sie das gewusst? Wer im Hausbereich gerne dekorative Pflanzgefäße verwendet, kennt sicherlich die aus zopfähnlichem, weichem Material geflochtenen Behälter, die leicht sind und mit hellen Naturfarben dezente Aufmerksamkeit erregen, dabei aber nicht allzu viel kosten. Sie werden in Handarbeit in Entwickungsländern aus den Schwimmblasen der Wasserhyazinthen hergestellt und verschaffen damit vielen Menschen Arbeit und Brot.

Die großen hellblauen Blüten der Wasserhyazinthe, eine Schwimmpflanze, ähneln denen von Orchideen.

Wassermohn

Hydrocleys nymphoides

☼ ⬆ 10 ✿ 7–8 ≈ 0–10

Die Schwimmpflanze stammt aus Südamerika. Die dicken lederartigen Blätter sehen attraktiv aus, Ähnliches kann man von den prächtigen, etwa 5 cm großen schwefelgelben Blüten sagen, die sich im Sommer einige Zentimeter über die Wasserfläche erheben. Wassermohn eignet sich gut für die Kultur den Sommer über im Freien, aber auch für den Wintergarten. Gute Partner in Gefäßen sind höhere Gewächse wie Papyrus. Wählen Sie einen geschützten, sonnigen Platz, damit die Wassertemperatur regelmäßig über 18 °C, besser 20–23 °C steigt. Ab September kann man von den Ausläufern Triebenden abschneiden und zur Überwinterung an einem hellen, geschützten Ort bei 10–12 °C aufstellen.

Besonders schön sind auch die leuchtend gelben Blüten des üppig wuchernden Wassermohns.

Wassersalat, Muschelblume

Pistia stratiodes

☼–◐ ⬆ 10 ✿ keine Blüte ≈ 0

Die reizvolle Schwimmblattpflanze aus den Subtropen mit dekorativ geformten muschelartigen Blättern und langen Wurzelbärten blüht zwar kaum, aber sie vermehrt sich in kurzer Zeit üppig. Schon mit wenigen Pflanzen, die mit ihren Rosetten auf der Wasseroberfläche treiben, erzielt man einen hübschen Effekt. Dabei gedeihen die mehrjährigen Pflanzen den Sommer über im Freien, ganzjährig an frostfreier Stelle auch im Zimmer, zum Beispiel in flachen Schalen oder in Gefäßen auf Terrasse und Balkon. Ideal ist auch ein offenes Aquarium. Tropfnässe oder zu trockene Luft werden von der Muschelblume weniger gut vertragen, sie reagiert darauf mit sich verfärbenden, welkenden Blatträndern.

Muschelblumen (Wassersalat) sind dekorative Schwimmpflanzen mit bauschigen Wurzelbärten.

Zyperngras
Cyperus alternifolius

☼–◐ ⬆ 50–60 ✿ 5–10 ≈ 0–20

Das als Zimmerpflanze bekannte frostempfindliche Zyperngras verbringt den Sommer gerne im Gartenteich. In ihrer subtropischen Heimat wachsen alle Zypergräser im Sumpf oder nahe am Ufer in Gewässern. Sie dürfen nie trocken werden. Aus Samen kann man sich leicht neue Pflanzen ziehen. Eine leichte Methode ist auch das Bewurzeln von Blattquirlen, die man umgekehrt in eine Schale mit Wasser stellt. Kürzen Sie die Blätter etwas ein, das braucht weniger Platz. Schon nach wenigen Wochen kann man die zahlreichen Jungpflanzen eintopfen. Auf farbenprächtige Blüten sollte man beim Zyperngras aber nicht hoffen. Es bildet fast ganzjährig (April bis September) kleine grünbraune Blüten aus, die eher unspektakulär sind.

Wie in den Tropen entfaltet sich in sonnig gelegenen Wassergärten ein üppiges Wachstum aus Seerosen, Wasserhyazinthen, Lotos und Zyperngras.

Zierreis, Reis

Oryza sativa

☼ ⬆ 40–50 ✿ 7–8 ≈ 0–10

Wählt man die richtige Sorte, finden sich unter den zahlreichen asiatischen Reissorten einige, die längst nicht so anspruchsvoll sind, wie man das glaubt. So gibt es in Fernost Bergreissorten, die nur 30–40 cm hoch wachsen, aber dekorativ wirkende überhängende Halme und Samenstände mit essbaren Körnern hervorbringen. Andere können sogar mit normaler Feuchtigkeit auf Feldern im schweizerischen Tessin, in Italien und in Spanien gedeihen. Die einjährige 40–50 cm hohe Sorte 'Black Madras' (von Sperli) gedeiht als trendiges Ziergras mit schwarzgrünen Halmen gut an sonniger geschützter Stelle in Kübeln und in Miniteichen. Gesät wird dicht an dicht von April bis Mai auf der Fensterbank bei Zimmertemperatur, pro Topf ca. 20–25 Körner in sandig-humose Erde. Das Substrat kann etwas lehmig sein, sollte aber keinen Torf enthalten, dieser wird von Reis nicht vertragen. Gut feucht halten und nach ca. 6–8 Wochen Kultur im Teich unterbringen. Den ganzen Sommer über wird der Reis im flachen Wasser bis zum Frost ein trendiger Hingucker sein. Reispflanzen sind zwar Nutzpflanzen, doch gleichzeitig können sie mit ihren aufrecht stehenden Halmen und den überhängenden Samenständen mit den reifenden Körnern daran höchst dekorativ aussehen. Der Anbau der frostempfindlichen Sumpfgräser vollzieht sich gewöhnlich in warmen Ländern, doch über Sommer ist sogar die Kultur wie in Thailand in überstauten Terrassen (und damit auch im Gartenteich) möglich.

Zimmerkalla

Zantedeschia aethiopica

☼ ⬆ 30–80 ✿ 3–9 ≈ 0–10

Die großblütige weiße Zimmerkalla ist in südlichen Ländern in feuchten Wiesen und Sümpfen weit verbreitet. Durch allzu häufige Verwendung in der Floristik ist die schöne Pflanze leider nicht mehr so ganz in Mode, doch kann man die fleischigen Rhizome im Winter problemlos im Handel bekommen. Zieht man die bis zu 80 cm hohe dekorative Pflanze ganzjährig in größeren Töpfen, hält sie noch an ihrem afrikanischen Wachstumsrhythmus fest: Blüte ab März bis Juni, dann sommerliche Ruhezeit, um im Herbst erneut auszutreiben. Dies passt zu einer Verwendung im Winter-

Ein attraktiver Blickfang, auch für die Vase, sind farbige *Calla*-Hybriden.

garten. Damit sie im Freien den Sommer über blühen, werden die Rhizome erst im Februar in nährstoffreiche Erde gesetzt. Haben sich die Blätter voll entfaltet, werden die Pflanzen nach den Frösten ins Flachwasser gestellt, wo sie bis zum Herbst blühen, um im Winter zu ruhen.

Eine besondere Attraktion sind die farbigen Kallas, die in der Sumpfzone, am immerfeuchten Uferrand im Freien und in Gefäßen im Wintergarten als Spätsommerblüher gedeihen. Die Sorte 'Pink Persuation' blüht rot, 'Little Suzy' rosa und 'Little Jimmy' weiß. Besonders beliebt ist die samtigrote 'Schwarzwälder'. Eine atemberaubende Tropenatmosphäre bringt 'Green Goddess' mit großen, exotischen Blüten in Weiß und Grün. Kallas können bei uns nicht im Freien überwintern.

Zwergpapyrus

Cyperus haspan

☼–◐ ⬆ 30–50 ✿ 7–10 ≈ 0–10

Nicht winterhart und in Kultur und Verwendung ähnlich wie Papyrus sind andere Arten der Zyperngräser, zum Beispiel dieses Riedgras aus dem warmen Süden der USA, genauer Virginia, Georgia, Texas und Florida. Wegen seines geringen Platzbedarfs hat es als robuste Zimmer-, Badezimmer- und Wintergartenpflanze weite Verbreitung gefunden. Es wird nur 30–50 cm hoch und gefällt durch seine kurzen schlanken Stängel und die originell aussehenden stark abstehenden und in Schopfform angeordneten nadelförmigen Blätter. Die hellgrünen Blüten sind unscheinbar.

Nicht ganz winterhart sind die Rhizome der Zimmerkalla, die im flachen Wasser reichlich blüht.

Zwergpapyrus wächst viel kompakter und ist dadurch weniger durch Wind gefährdet.

Seerosen

Gartencenter halten ab April einen großen Vorrat an Wasserpflanzen und speziell von Seerosen bereit. In Containern kann man sie leicht transportieren und jederzeit pflanzen. Die Saison dauert vom zeitigen Frühjahr bis Ende August. Geben Sie den Seerosen einen sonnigen Standort. Wenigstens fünf Stunden Sonnenschein täglich sind nötig, damit sie üppig blühen.

Wichtig: Junge Pflanzen nicht in der Sonne liegen lassen, bald öffnen und in Körbe pflanzen. Für starkwüchsige Pflanzen sind Weidenkörbe angebracht, aus Holz oder stabiler Plastik. Sie sollten jedoch an den Seiten durchbrochen sein, damit sich die Wurzeln ausbreiten können. Kunststoffkörbe sind haltbarer als Weidenkörbe. Man kann sie in verschiedenen Größen kaufen. Enge Ritzen sind vorteilhaft, weil sie Wasser hindurchlassen, aber das Herausrinnen von Erde verhindern. Empfehlenswert ist es dennoch, die Körbe mit einem größeren Stück Jutetuch auszuschlagen und mit einer Mischung aus nährstoffarmer Humuserde und Sand aufzufüllen. Nur gesunde, handlange abgetrennte Rhizomspitzen wachsen an. Faulstellen, verletzte Blattstiele und Wurzeln werden mit scharfem Messer bis ins gesunde Gewebe zurückgeschnitten und mit Holzkohlepuder desinfiziert. Dies verhindert die Ausbreitung von Fäulnisbakterien und -pilzen.

Seerosen-Blüten machen den kleinen Miniteich im Whisky-Fass auf jeder Terrasse zum Hingucker.

Die Pflanzung von Seerosen

Die fleischigen Wurzeln verteilt man locker ausgelegt auf einem Häufchen Substrat und bedeckt sie leicht mit Erde. Ballenpflanzen werden ausgetopft und bis zur ursprünglichen Höhe eingesetzt, nie tiefer. Nun drückt man seitlich fest an, schlägt alles gut ein und beschwert die Jute anschließend mit einem ausreichend großen Stein.

Beim Fluten heißt es vorsichtig zu sein, damit die Erde nicht heraus gespült wird. In 20–30 cm flachem Wasser wachsen die Seerosen zunächst zwei bis drei Wochen lang an. Erst danach werden die Pflanzen in tieferes und kälteres Wasser abgesenkt.

Seerosen für flachen und mittleren Wasserstand

Deutscher Name	Botan. Name	Blütezeit	Höhe cm	Wassertiefe cm	Farbe
Zwergseerosen	*Nymphaea pygmaea* 'Rubra'		5	10–30	gelb
	Nymphaea odorata 'Minor'		5	10–30	weiß
	Nymphaea candida		5	10–30	weiß
	Nymphaea tetragona	Juli–Sep.	2	10–30	weiß, rosa
Seerosen	*Nymphaea*-Hybriden	Juni–Okt.	10	25–60	
	'Aurora'		10	30–50	gelb–orange–rot
	'James Brydon'		10	25–50	karminrot
	'Laydekeri Lilacea'		10	25–40	rosa–rot
	'Laydekeri purpurata'		10	25–50	weinrot
	'Maurice Laydeker'		10	30–50	rosa–rot
	'Froebelii'		15	30–50	*kirschrosa*

Die kirschrote Züchtung 'James Brydon' ist besonders blühwillig.

Zwerg-Seerosen kommen schon bei 10 cm Wasserstand zur Blüte.

Soll man düngen?

Im allgemeinen nicht. Erst nach zwei bis drei Jahren, wenn die Nährstoffe aufgebraucht sind. Die Pflanzen zeigen dies durch vermehrte gelbe Blätter. Geben Sie dann einen Fingerhut voll Depotdünger direkt in den Wurzelbereich.

Sorten

Zwergseerosen kommen schon mit 10–30 cm Wassertiefe aus. Bewährte Sorten sind *Nymphaea tetragona* (weiß und rosa), die wunderbar süß duftende Nymphaea odorata 'Minor', eine weiße Wildart aus dem Osten der USA, die zierliche *Nymphaea pygmea* 'Rubra' und die cremeweiße *Nymphaea candida.*

Für mittlere Wassertiefen von 30–60 cm gibt es viele prächtige Sorten mit mittelgroßen bis großen Blüten, zum Beispiel die beliebte karminrote Standradsorte 'James Brydon', die gelb-orange 'Aurora', die in vielen Teichen bewährten französischen Sorten 'Laydekeri Lilacea' (rosa-rot), 'Laydekeri Purpurata' (weinrot) und 'Maurice Laydeker' (rosa-rot). Unempfindlich und völlig winterhart sind die heimischen Seerosen – Arten wie *Nymphaea alba* und die gelbe Teichmummel *(Nuphar lutea)*, beide eher für tiefere Teiche ab 40 cm geeignet. Mit herrlichem Duft können hierfür auch *Nymphaea odorata* 'Rosennymphe' (rosa) und 'Sulphurea' (gelb) aufwarten.

Seerosen richtig pflanzen

(1) Pflanzen von Seerosen: Ein Gitterkorb wird zunächst mit Jute ausgelegt und anschließend mit Teicherde gefüllt.

(2) Nachdem alte und faule Rhizomteile abgeschnitten sind, breitet man die Wurzeln aus und bedeckt sie mit etwas Substrat.

(3) Damit die Erde nicht ausschwämmt, das Jutetuch darüber schlagen, mit Steinen beschweren und im Wasser absenken.

Tropische Seerosen

Nymphaea × daubenyana

☼–◐ ⬆0 ✿5–7 ≈30–40

Die schönsten Seerosen wachsen – wie könnte es anders sein – in den Tropen. Aus afrikanischen und äyptischen Seerosen entstand die Naturhybride *Nymphaea × daubenyana*, die sich sogar aus Samen vermehren lässt. Durch Einkreuzung von australischen und ostasiatischen Wildarten entstanden weitere Hybriden, die es in gut spezialisierten Gärtnereien auch bei uns zu kaufen gibt. Ohne zusätzliche Erwärmung des Wassers (zum Beispiel durch eine Solarheizung) gedeihen sie allerdings nur im Wintergarten befriedigend. Es gibt Sorten in märchenhaft blauen, rosa, gelben und weißen Schattierungen. Auf festen, edlen Stielen tragen sich die Blüten etwa 20 cm hoch über dem Wasserspiegel. Eine einzige Pflanze in einem Gefäß aus Thaikeramik macht schon viel her. Genauso edel wirken die zartrosa Blüten der Indischen Lotusblume *(Nelumbo)*.

Typisch für tropische Seerosen: Typisch für tropische Seerosen: elegante Blüten, die auf einem Stiel etwa 20 cm über der Wasserfläche schweben.

Herrliche Blüten in Blau, Violett, Rosa oder Weiß zeichnen die Hybriden der tropischen Seerosen aus. Dazu kommen die lackartig glänzenden Blätter.

Schöne Pflanzideen für Miniteiche

Praxis: Wie man pflanzt

Das feuchte Element beherbergt eine große Vielzahl von Pflanzen, die sich den Lebensbereichen in idealer Weise angepasst haben. Fast alle, die man in Gartencentern vorkultiviert in Containern oder Töpfen den ganzen Sommer über erwerben kann, sind bei uns zu Hause – und damit entsprechend problemlos und robust. In der Regel reicht das Platzangebot nicht aus, um selbst eine kleine Auswahl dieser Schönheiten unterzubringen. Das schadet jedoch nichts, denn so kommt jede einzelne von ihnen vollendet zur Geltung.

Miniteiche stellt man an sonniger Stelle dort auf, wo man sich häufig an den bunten Farben erfreuen kann. Idealerweise in der Nähe von Sitzplätzen.

Pflanzen in Körben und Tüten

Die ideale Zeit zum Anlegen ist die Zeit zwischen Ende März und August. Passende Pflanzen müssen ausgesucht und in Gruppen zusammengestellt werden, so dass sich die Farben und Blattformen gegenseitig steigern. Auch die Blütezeiten sollen sich ergänzen, harmonische Blühakkorde sind gefragt. Der Hintergrund und die Umgebung wie Terrasse, Wege, Hecken und Bäume sollten in die Überlegungen einbezogen werden, denn aus dem mageren Anfangswachstum der eingesetzten Pflanzen wird sich schon bald eine üppige Vegetation entwickeln.

Zunächst gilt es, den **Teichgrund** einzubringen, der aus magerer Erde aus dem Untergrund besteht oder käuflich als Teicherde erworben wird. Da alle Wasserpflanzen **Flachwurzler** sind, genügt eine verhältnismäßig dünne Schicht von 10 bis 15 cm. Das Substrat sollte möglichst **mineralisch**, also kiesig oder sandig sein und keinen Dünger, Mist oder organische Bestandteile enthalten. Diese Stoffe würden bald verrotten und das Algenwachstum fördern. Ist der Teichboden terrassenförmig angelegt oder der

Fertigteich mit gestaffelten Pflanzebenen versehen, kann man (wie in Gefäßen) auf den Teichgrund ganz verzichten und alle Pflanzen in Körben unterbringen.

Beim Auspflanzen werden der verfestigte Wurzelballen der Containerpflanzen aufgerissen und die Wurzeln etwas eingekürzt – das regt sie nur zu neuem Wachstum an.

Größere Wasserpflanzen wie Seerosen, Rohrkolben oder Fieberklee pflanzt man am besten in **Körbe** aus gitterartig durchbrochenem Kunststoff mit stabilem Henkel, denn so kann man sie später bequem herausnehmen, teilen oder umgruppieren. Auch wird der **Ausbreitungsdrang** durch einen Korb gebremst, obwohl sich die Wurzeln frei ausbreiten und im Wasser Nahrung suchen können. Man schlägt ihn mit

Den Miniteich bepflanzen

(1) Miniteich anlegen: Kübel mit »Manschette«, Sprudelstein, Pumpe, Körbe, Pflanzen usw. bereit legen.

(2) Wachsen die Pflanzen in Körben, kann man durch untergestellte Steine die passende Wassertiefe bereiten.

(3) Auch die Umlaufpumpe für das Wasserspiel findet samt Kabeln im Kunststoff-Kübel noch einen Platz.

(4) Jetzt geht es ans Bepflanzen: Teichsubstrat, eine Seerose, ein Wasserpflanzkorb und Zierkies stehen schon bereit.

(5) Die Seerose wurde in einen Wasserpflanzenkorb gepflanzt. Zierkies verhindert das Aufschwimmen.

(6) Ganz vorsichtig wird nun der frisch bepflanzte Korb geflutet und auf den vorher versenkten Stein gestellt.

später verrottendem **Juteleinen** aus (kein Vlies, denn es lässt die Wurzeln nicht durch), um ein Herausschwämmen der Pflanzerde zu vermeiden, füllt die Teicherde ein, legt das Rhizom mit unbeschädigter Spitze waagerecht oben auf, deckt die fleischigen Wurzeln fingerdick mit Erde ab und schlägt das Sackleinen so zu, dass nur die Spitze der Pflanze herausragt. Ein darauf gelegter **Stein** verhindert, dass beim Absenken in den Teich oder beim Wasserauffüllen in Gefäßen die Erde herausspült.

Empfehlenswert sind auch **Wasserpflanztüten**. Dabei handelt es sich um Beutel, in die die Pflanzen samt Erde gesetzt werden. Die Wurzeln wachsen durch ein poröses Gewebe, sind jedoch an ihrem Ausbreitungsdrang gehindert. Bei freier Auspflanzung im Teichgrund besteht immer die Gefahr, dass einige Arten (z.B. Schilf, Minze) wuchern.

Der Tannenwedel wird in eine Wasserpflanzentüte gepackt: zuziehen, verknoten und in das Gefäß setzen.

TIPP

In sehr flachen Miniteichen ist es besser, die Seerosen auszupflanzen. Das bekommt den Pflanzen gut und es werden noch einige Zentimeter an Wasserhöhe gespart.

Man setzt die Pflanzen in eine Mulde so tief ein, wie sie vorher gestanden haben (Triebspitzen nicht bedecken!). Anschließend werden sie fest angedrückt, mit **Ballentuch** bedeckt und angegossen – dies am besten schon am endgültigen Standort.

Attraktiv sieht es übrigens aus, wenn die Körbe oder auch die ganze Pflanzfläche mit **weißem Kies** abgedeckt sind. Er verhindert nach dem Einlassen des Wassers auch, dass Pflanzen aufschwimmen. Später wird der Kies allerdings von Sinkstoffen bedeckt und von der ursprünglichen Schönheit wenig zu sehen sein.

Gepflanzt wird vom Äußeren des Miniteiches nach innen. Die jeweils **richtige Tiefe** für die Pflanzen oder Seerosensorten lässt sich auf einfache Weise mit untergestellten Steinen regulieren. In größeren Schalen, Holzfässern oder kleinen Teichen können Sie auch mit Steinen unterschiedliche **Pflanzhöhen** abteilen und durch Befüllen mit Kies oder Teicherde **Pflanzzonen** für den mittleren und flachen Wasserstand oder eine Sumpfzone schaffen. Erst wenn alle gewünschten Pflanzzonen geschaffen und alle Pflanzarbeiten abgeschlossen sind, wird das restliche Wasser bis zum endgültigen Wasserstand aufgefüllt.

Gestalten von Schalen und Töpfen

Ob in Thaikeramik in gedecktem Grün- und Brauntönen oder mit auffälligem mexikanischem Muster, in aufmunterndem Blau oder erdnaher Terrakotta, die Auswahl der Gefäße für Minigärten richtet sich ganz nach Geschmack. Brauchbar ist nur glasierte Keramik.

Welche Gefäße sind richtig?

Grundsätzlich sind auch kleinste Gefäße für eine ansprechende Wasser- oder Sumpfdekoration geeignet. Bei 5 cm Tiefe liegt die Untergrenze, damit das Wasser noch Kies und Pflanzsubstrat überflutet. Schwimmpflanzen wie das Feenmoos, Schwimmfarn, Wasserhyazinthen oder auch der dekorative Wassersalat können durchaus im Zusammenspiel mit Moosen oder jungen Farnen eine attraktive Mini-Sumpflandschaft ergeben.

Stets macht es wenig Sinn, Pflanzen mit ähnlichen Wuchs- und Blattstrukturen zusammenzufügen. Viel mehr Spannung bringen **Gegensätze** zwischen ein oder zwei aufstrebenden Pflanzen und solchen, die wie Seerosen ruhig sich ausbreitend auf dem Wasser treiben. Hübsche Steine, Lavabrocken oder **Dekoartikel** wie Muscheln, Schwimmkerzen oder Wurzeln tragen zum guten Aussehen bei. Auch bei den **Farben** können Gegensätze den Anblick spannender machen. Ein blaues Gefäß und weiße oder gelbe Blüten, ein braunes Gefäß mit viel Grün und rosa Blüten ein cremegelbes Gefäß und violette Blüten von Primeln oder Blutweiderich sind nur einige Beispiele. Achten Sie beim Bepflanzen darauf, dass die **Größenverhältnisse** miteinander harmonieren.

Auf die Blütezeiten achten

Wichtig sind auch die Blütezeiten, denn vom Frühjahr bis spät im Herbst soll die kleine Wasserlandschaft stets etwas Blühendes zeigen. Die Saison beginnt mit der gelben Sumpfdotterblume und endet mit dem Kleinen Rohrkolben. Dazwischen lassen sich viele Blühpflanzen miteinander kombinieren. Ein Dauerblüher ist das Sumpf-Vergissmeinnicht. Sie können es durch Zurückschneiden auf 15–20 cm Höhe zu neuen Taten aktivieren.

Dieser kleine Hafen im dekorativen Steintrog erhält durch die Wasserhyazinthe seine tropische Note.

Gestaltungsvorschlag 1

Wasserstand 15 cm

Kombinieren Sie in einer etwa 20 cm tiefen blauen Schale mit 50 cm Durchmesser:

① 8 Wasserhyazinthen *(Eichhornia crassipes)* als Schwimmpflanzen mit

② 2 Zwergseerosen *(Nymphaea tetragona* oder eine ähnliche Hybride).

Diese kontrastreiche Kombination verleiht der Schale eine exotische und zugleich elegante Note. Sie passt in einen Innenhof, in einen hellen Wintergarten oder auf den Balkon. Geben Sie ihr einen sonnigen und geschützten Platz. Weil die blauen Wasserhyazinthen keinen Frost vertragen, brauchen sie über Winter einen hellen, frostfreien Platz. Nach Mitte Mai kann alles wieder ins Freie.

Gestaltungsvorschlag 2

Wasserstand 20–40 cm

In einer 50 cm tiefen türkisblauen Keramikschale mit 70 cm Durchmesser kommen unter:

① 3 Tannenwedel *(Hippuris vulgaris)*,
② 1 Blutweiderich *(Lythrum salicaria)*,
③ 1 Breitblättriges Pfeilkraut *(Sagittaria latifolia)*,
④ 1 Seekanne *(Nymphoides peltata)*
⑤ und als Schwimmpflanze 1 Krebsschere *(Stratiodes aloides)*.

Weil alle verwendeten Pflanzen heimisch und damit winterhart sind, brauchen sie in der kalten Jahreszeit keine besondere Pflege. Während des Sommers müssen immer wieder verblühte Triebe abgeschnitten und ausgeputzt werden. Geben Sie dem wüchsigen Blutweiderich und dem Pfeilkraut einen Langzeitdünger als Vorratsdüngung in den Topf, dann werden die Pflanzen üppiger blühen.

Gestaltungsvorschlag 3

Wasserstand 20–30 cm

Die 40 cm tiefe grüne glasierte Keramikschale hat einen Durchmesser von 60 cm. Hier finden Platz:

1. 3 Hechtkräuter *(Pontederia cordata)*,
2. 2 Rohrkolben *(Typha angustifolia)*,
3. 1 Gelbe Wasserschwertlilie *(Iris pseudacorus)*,
4. 1 Sumpfdotterblume *(Caltha palustris)* und
5. 3 Sumpf-Vergissmeinnicht *(Myosotis palustris)*

Die Pflanzen in diesem Gefäß sind so ausgewählt, dass vom zeitigen Frühjahr bis zum Herbst immerzu etwas blüht. Blaues Sumpf-Vergissmeinnicht und die Sumpfdotterblume bilden mit ihren zarten Blüten einen wirkungsvollen Kontrast zum aufrecht strebenden Wuchs der übrigen Wasserpflanzen. Die dunkelbraunen Samenstände des Rohrkolbens schmücken vom Sommer an bis lange in den Winter hinein.

Gestaltungsvorschlag 4

Wasserstand 30–50 cm

Das halbierte Whiskyfass mit 70 cm Durchmesser und 60 cm Höhe ist wie folgt bepflanzt:

① 3 Blumenbinsen *(Butomus umbellatus)*,
② 1 Japan-Iris *(Iris ensata)*,
③ 1 Gelbe Wasserschwertlilie *(Iris pseudacorus)*,
④ 1 Breitblättriges Pfeilkraut *(Sagittaria latifolia)*
⑤ und als Schwimmpflanze 3 Pflanzen der duftenden Wasserähre *(Aponogeton distachyos)*.

Schnuppern Sie einmal an den angenehm duftenden weißen Blüten der Wasserähre! Das halbierte Whiskyfass beherbergt robuste und zugleich schöne Pflanzen. Besonders die majestätische Japan-Iris ist ein edles Kleinod aus Fernost. Wichtig: die Wasserähre verträgt nur leichte Fröste und braucht Winterschutz.

Gestaltungsvorschlag 5

Wasserstand 30–50 cm

In einem halbierten Whiskyfass von 60 cm Durchmesser und 50 cm Höhe sind die kirschrosa Blüten vom Blutweiderich der Hingucker:

① 3 Sumpf-Vergissmeinnicht *(Myosotis palustris)* lockern die Zusammenstellung auf.

② 1 Blutweiderich *(Lythrum salicaria)* lockt viele Schmetterlinge an,

③ die langen Blätter von 1 Gelber Sumpfschwertlilie *(Iris pseudacorus)* und

④ die zierlichen Quirle von Zyperngras *(Cyperus alternifolius)* streben in die Höhe.

⑤ Unter Wasser sorgt 1 Hornkraut *(Ceratiphyllum demersum)* für Sauerstoff.

⑥ 3 Seekannen *(Nymphoides peltata)*,

⑦ 1 Seerose *(Nymphaea* 'James Brydon').

Seerosen der großblütigen rosa Sorte 'James Brydon' fühlen sich in diesem großen und tiefen Whiskyfass besonders wohl. Auch die übrige Bepflanzung ist üppig und blüht zusammen mit Sumpf-Vergißmeinnicht und Blutweiderich bis spät im Herbst. Die rosa Blühstaude wird häufig von Schmetterlingen besucht.

Gestaltungsvorschlag 6

Wasserstand 10–50 cm

Für einen 60 cm hohen Hochteich in den Maßen 90 × 120 cm ist diese Pflanzenwahl (alles in Gefäßen) gedacht:

① 3 Rohrkolben *(Typha angustifolia)*,
② 1 Bachminze *(Mentha aquatica)*,
③ 3 Bachbunge *(Veronica beccabunga)*,
④ 1 Igelkolben *(Sparganium erectum)*,
⑤ 2 Sumpfdotterblume *(Caltha palustris)*
⑥ und als Schwimmpflanze 1 Seerose *(Nymphaea* 'Rosennymphe').
⑦ 3 Hechtkräuter *(Pontederia cordata)* sind mit ihren blauen Blütenständen Blickfänge im Sommer.
⑧ 2 Sumpf-Vergißmeinnicht *(Myosotis palustris)* sind Dauerblüher und
⑨ 1 Krebsschere *(Stratiodes aloides)* belebt das Wasser.

Der reich bepflanzte Hochteich ist eine Attraktion für Balkone und Terrassen. Schon im Mai beginnt der Flor mit Sumpfdotterblumen und endet im Herbst mit haltbaren Rohrkolben. Alle Pflanzen sind winterhart.

Gestaltungsvorschlag 7

Wasserstand 30 cm

Ein 40 cm hoher Terrassenteich in den Maßen 90 × 90 cm wird bepflanzt mit:

① 3 Gauklerblumen *(Mimulus luteus)*,
② 3 Zwerg-Rohrkolben *(Typha minima)*,
③ 3 Pfennigkraut *(Lysimachia nummularia)*,
④ 1 Seerose *(Nymphaea* 'Froebelii').

Der kleine Terrassenteich lässt Raum für eine blinkende Wasserfläche, auf der sich die tiefrosa Zwerg-Seerose 'Froebelii' ungestört ausbreiten kann. Die Gauklerblume blüht monatelang, wenn man durch Zurückschneiden der Samenstände die Blühwilligkeit immer wieder aufs Neue anregt. Bis zum Frost bleibt der Zwerg-Rohrkolben ein lohnender Hingucker.

Gestaltungsvorschlag 8

Wasserstand 10 cm

Ein noch wasserdichter Balkonkasten von 80 cm Länge enthält:

① 2 Zwerg-Seerosen *(Nymphaea tetragona)* und

② 3 weiße Wasserähren *(Aponogeton distachyos),*

③ dazwischen schwimmend 7 Wassersalat *(Pistia stratiodes).*

Ein Balkonkasten als Miniteich? Das ist ungewöhnlich. Dabei sieht er mit seinen tropischen Pflanzen bezaubernd aus und blüht über den ganzen Sommer. Alle Pflanzen bleiben niedrig und können deshalb auch an windgefährdeten Stellen gedeihen, solange sie volle Sonne genießen. Kommt der Winter, ziehen die Pflanzen samt Kasten um an einen frostfreien, hellen Platz im Haus.

Gestaltungsvorschlag 9

Wasserstand 10 cm

Ein wasserdichter Balkonkasten von 100 cm Länge ist bepflanzt mit:

1. 8 Wasserhyazinthen *(Eichhornia crassipes)*,
2. 3 Sumpf-Vergissmeinnicht *(Myosotis palustris)* und
3. 3 Wassermohn *(Hydrocleys nymphoides)*.

Auch dieser längere Balkonkasten liebt einen sonnigen, warmen Platz und braucht entsprechenden Frostschutz im Winter. Die blauen Wasserhyazinthen breiten sich bald schwimmend aus, wobei man den Aufbau dieser schönen und besonders interessanten Tropenpflanze gut beobachten kann. Aus der bauchigen, luftgefüllten Schwimmblase erhebt sich ein imposanter Blütenstand. Die Nährstoffe werden mit üppigem Wurzelbart aus dem Wasser gefiltert.

Gestaltungsvorschlag 10

Wasserstand 30 cm

Eine Keramikschale von 40 cm Durchmesser und 10 cm Tiefe wird als Moorbeet/Sumpfbeet bepflanzt mit Moos (*Sphagnum* o. ä.) und insektenfressenden Pflanzen:

① 1 Schlauchpflanze *(Sarracenia purpurea)*,
② 3 Sonnentau *(Drosera rotundifolia)*,
③ 2 Fettkraut *(Pinguicula vulgaris)*.

Das Mini-Moorbeet ist wie geschaffen für ungewöhnliche Pflanzenraritäten, die eine besonders saure Erde benötigen. Trotz ihrer exotischen Erscheinung sind alle Pflanzen winterhart und kommen mit einer leichten Abdeckung durch Reisig zurecht. Während Sonnentau und Fettkraut aus deutschen Mooren stammen, sind die auffälligen Schlauchpflanzen *(Sarracenia)* in Nordamerika und Kanada zu Hause.

Gestaltungsvorschlag 11

Wasserstand 10–15 cm

Ein flacher Steintrog in den Maßen 60 × 50 cm und 25 cm tief enthält lange blühende Sumpfstauden wie

1. 3 Blutweiderich,
2. 2 blaue Lobelien *(Lobelia syphilitica)*,
3. 1 Zyperngrassegge *(Carex pseudocyperus)*,
4. 3 Pfennigkraut *(Lysimachia nummularia)*,
5. 1 Sumpf-Vergissmeinnicht *(Myosotis palustris)*.
6. Kardinalslobelie *(Lobelia cardinalis)*

Sumpf ist Trumpf auch in diesem flachen Steintrog. Die verwendeten Pflanzen sind besonders pflegeleicht. Wie immer unter feuchten Teichrandbedingungen können sie sowohl ständig im Wasser stehen als auch mit normal feuchten Bedingungen leben. Blaue und rote Lobelien sind seltene Gäste in unseren Gärten, aber sie zieren über lange Spätsommerwochen. Vielseitig verwenden lässt sich auch das gelb blühende Pfennigkraut, das die Ränder auf dekorative Weise überwallt und sogar untergetaucht dichte Polster bilden kann.

Gestaltungsvorschlag 12

Wasserstand 10–30 cm

Ein kleiner Fertigteich in den Maßen 80 × 105 cm und 40 cm tief wird mit südlichen wärmeliebenden Pflanzen bestückt:

(1) 3 Indisches Blumenrohr *(Canna indica)*,
(2) 3 Kardinalslobelie *(Lobelia cardinalis)*,
(3) 3 Zyperngras *(Cyperus alternifolius)*,
(4) 3 tropische Seerosen *(Nymphaea × daubenyana)*,
(5) 1 Hechtkraut *(Pontederia cordata)*,
(6) als Schwimmpflanzen 5 Wasserhyazinthen *(Eichhornia crassipes)*,
(7) 3 Wassersalat *(Pistia stratiodes)*.

Üppig und farbig geht es zu in diesem kleinen Fertigteich, der gut an eine Terrasse passt oder als zierendes Element in einem Innenhof. Das Indische Blumenrohr *(Canna indica)* kennen wir als reich blühende Rabattenpflanze in normal feuchten Beeten. In seiner Heimat ist es in Sümpfen zu finden und kann auch ständig im flachen Wasserbereich stehen.

Miniteiche auf Balkon und Terrasse

Balkon und Terrasse sind bevorzugte Aufenthaltsorte, denen ein wenig Gartenatmosphäre durch in Gruppen angeordnete Miniteiche oder Tröge gut bekommt. Es müssen nicht nur die beliebten halbierten Fässer sein.

Groß ist das Angebot an **Pflanzschalen** aus glasierter wasserdichter Keramik, die je nach Geschmack eine edle, folkloristische oder fernöstliche Atmosphäre vermitteln. Einfach zu handhaben sind die flotten, pfiffigen Eimer, Schalen oder Wannen aus Zink. Ihr Vorteil ist das **geringe Gewicht**, denn bevor man eine größere Wasserlandschaft einrichtet, sollte man an die **Tragfähigkeit** denken.

Das kleine selbstgebaute Sumpfbeet fügt sich durch die gleiche Farbe wie selbstverständlich in die rustikale Umgebung auf der Terrasse ein.

Bei wenigen Schalen ist dies nicht problematisch, kann aber bei schweren Trögen eine Rolle spielen. Bringen Sie Pflanzkästen und Tröge nicht in der Mitte der Fläche, sondern am Rand unter. Flache **Balkonkästen** auf Brüstungen sind windgefährdet und bieten wenig Wasserstand. Wählt man jedoch tiefere Kästen mit Wasservorrat (die Einlage kann man entfernen), gedeihen darin schöne Schwimmpflanzen. Ob blaue Wasserhyazinthen, duftende Wasserähren oder die dekorativen Blätter des Wassersalats, man kann man sie in Augen- und Nasenhöhe intensiv genießen.

Das Bepflanzen

Füllen Sie 5–10 cm hoch eine Schicht Wasserpflanzenerde ein und gestalten Sie mit den Pflanzen nach Herzenslust. Austopfen ist nicht unbedingt nötig.

Man kann sie ganz einfach in den Verkaufstöpfen lassen und die Zwischenräume mit Zierkies, Seramis oder Blähtonkügelchen füllen.

Kombinieren Sie die Pflanzen gefällig nach Wuchsformen und Blütezeiten, damit den ganzen Sommer etwas blüht. Dem Auftakt mit Sumpfdotterblumen und Rosenprimeln folgen bald Gelbe Wasserschwertlilien, Hahnenfuß, Iris und Gauklerblumen. Im Sommer ist Seerosenzeit, aber auch Blumenbinsen und Pfeilkraut, Gräser und Lobelien setzen markante Höhepunkte. Dauerblüher sind Wasserhyazinthen, Sumpf-Vergissmeinnicht und Wasserähre.

Genießen Sie Ihr kleines Wasserparadies! Doch Achtung: volle **Sonne** den ganzen Tag über ist wenig günstig für die Pflanzen in den Gefäßen. Vor allem, wenn sich darin noch Fische befinden, wird im zu stark erwärmten Wasser bald der Sauerstoff knapp. Ein Schirm, der die Miniteiche in der Mittagshitze vor dem Ärgsten bewahrt oder Schatten durch hohe Gehölze gleichen extreme Situationen aus. Fische und empfindliche Wasserpflanzen, auch Seerosen, müssen die Winter über an frostfreier Stelle verbringen.

Wasserspiele und Brunnen

Zum Gräsergarten, in den Staudengarten und in die nächste Umgebung des Hauses passen Wasserglocken, Quellsteine und Schaumsprudler. Die meisten werden im oder neben dem Gartenteich installiert. Tröge, Stelen oder Mühlsteinbrunnen können auch separat an der Terrasse oder am Eingang stehen.

Die unterirdisch verborgenen **Auffangbehälter** mit der Technik (Pumpe, Zuleitungen, Wasser) samt abschließender Abdeckplatte sind **kindersicher** und können deshalb auch in Vorgärten stehen. Nach ihrem Vorbild werden auch andere Wasserspiele eingebaut, die scheinbar im Trockenen stehen.

Von der **Konstruktion** ist nichts zu sehen, denn sie lassen sich gefällig mit niedrigen Sträuchern,

TIPP

Verzichten Sie nicht auf den Blutweiderich, denn er blüht ab Sommer lange bis in den Herbst und lockt zahlreiche Schmetterlinge an.

mit Polsterstauden, Rosen und Lilien kombinieren oder mit zierlichen Gräsern in ihrer Wirkung vervollkommnen. Auch schöne Bachkiesel, mitgebrachte Steine oder Muscheln von einem Spaziergang am Meer wecken angenehme Gefühle und verstärken die beruhigende Wirkung des Wassers. Gewaschener Kies in grober Sortierung oder Schotter sind weitere Alternativen.

Schon in einer kleinen Zinkwanne kann sich eine vielfältige Pflanzenwelt entfalten. Im Vordergrund die duftende weiße Seerose *Nymphaea odorata*.

Minigarten mit Feenteich

Harry Potter lässt grüßen. Das Reich der Elfen und Feen macht auch vor den Gärten nicht Halt. Ob gruselige Monster, Gargoyles oder seltsame Drachen – mit **Figuren** aus Keramik, Bronze oder Messing lässt sich auch in kleinsten Gärten je nach Geschmack ein fantasiereiches Feenreich schaffen. Halten wir es mit den zarten Elfen und märchenhaften Feen, kann dieses sehr romantisch sein. Dieser kleine Wassergarten in kreisrunder Form passt sowohl in die Sonne als auch an einen eher schattigen Platz. Wie in der Zeichnung unten können Sie sogar den schmalen Drei-Meter-Abstand zwischen Haus und Grenze zum Nachbarn für einen abwechslungsreichen kleinen Wassergarten nutzen. Inmitten von hellen zarten Blütenfarben finden die Elfenfiguren eine passende Umgebung vor.

Die Gestaltung ist einfach

- Eine kreisrunde schüsselförmige Schale (Vorbild ist eine Satellitenschüssel) von 150–250 cm Durchmesser ausgraben und sorgfältig formen.
- Mit 0,5 mm Teichfolie auslegen. Damit sich der Teich nicht entleert, die Ränder als Kapillarsperre senkrecht nach oben stellen und die Folie erst ganz zum Schluss abschneiden.

Nur 2 m im Durchmesser misst die sparsam bepflanzte flache Wasserschale. Ein Spiegel am Zaun lässt den duftig bepflanzten Miniteich viel größer erscheinen.

- Die kreisrunde flache Schüssel aus Folie nun mit einer Schicht Schotter auslegen und damit die Ränder verdecken.
- Wer will, kann das 30 cm flache Teichbett mit einer weißen Kiesel-Spirale auslegen und am Teich zarte Elfenfiguren zufügen.
- Auf dem Wasser treibt feines Feenmoos *(Azolla caroliniana)*, das sich bald weiter ausdehnen wird.

Ist Ihnen das nicht genug, können Sie entweder eine kleine **Fontäne** oder eine **Wasserglocke** in die Mitte setzen oder eine bis drei Zwergseerosen einsetzen.

Zur märchenhaften Stimmung trägt die **umgebende Bepflanzung** bei mit zarten, duftigen Gewächsen wie hängendem Blauregen oder zartblauen Clematis 'Prince Charles' im Hintergrund, blauen Akeleien, Frauenmantel (gelbgrün), duftigem Schleierkraut, rosa Tränenden Herzen, fernöstlichen Etagenprimeln *(Primula japonica)*, duftig-weißem Sternmoos *(Sagina subulata)* oder der rosafarbenen Bodendecker-Rosen 'Heidetraum'.

Der Trick mit dem Spiegel

Ist der Garten klein, kann man ihn mit einem Spiegel im Hintergrund optisch vergrößern. Die kleine Wasserfläche samt umgebenden Pflanzen wirkt dann wie ein weit größerer Garten. Dieser gestalterische Trick hat sich besonders gut bei kleinen Grundstücken, in Ecken oder an Wegen bewährt, die vor Mauern enden. Für den Betrachter geht der Garten aber noch weiter.

Ganz im Trend liegt der kleine Feengarten. Die flache Grube ist mit Folie ausgelegt, darauf kommen Schotter und spiralförmig geordnete Kiesel. Feenmoos treibt im Wasser.

Ernten Sie mal im Gartenteich

Die würzige und vitamin-C-reiche **Brunnenkresse** *(Nasturtium officinale)* ist eine heimische Wasserpflanze, die man leicht im Gartenteich kultivieren und den Sommer über ständig abernten kann. Sie wird gerne als pikante Würze verwendet und ergibt auch für sich einen kräftigen, angenehm schmeckenden Salat. Besonders in Frankreich wird die Brunnenkresse geschätzt.

Obwohl ursprünglich in Bächen zu Hause, braucht sie kein fließendes Wasser. Sogar im gewöhnlichen Topf mit Untersetzer oder in einem formschönen Übertopf und im Balkonkasten gelingt die Kultur. Man kann entweder aussäen oder Pflanzen vom Markt kaufen und die Spitzen als Stecklinge in das feuchte Substrat stecken, wo sie sofort Wurzeln schlagen oder sie aus Samen ziehen.

● Die vitaminreiche Brunnenkresse kann man in Schalen, Gefäßen oder wasserdichten Balkonkästen ziehen.

Brunnenkresse im Balkonkasten

- Ein wasserdichter Balkonkasten wird bis 3 cm unter dem Rand mit Erde gefüllt, der Samen fein verteilt, angedrückt und durchdringend gewässert.
- Nach dem schnellen Aufgang werden die kleinen Pflanzen ständig überstaut.

Die beste Aussaatzeit ist im Frühjahr und im Sommer. Wählen Sie einen schattigen Standort, zum Beispiel auf einem Nord-Balkon. Eine leichte Flüssigdüngung alle 2 Wochen genügt. Geerntet werden die Triebspitzen und Blätter vor der Blüte. Sofort bilden sich neue. Brunnenkresse hat einen hohen Vitamin C-Gehalt und schmeckt ähnlich wie Gartenkresse oder Rettich. Die Erntemengen lohnen sich schon bei einem kleinen Balkonkasten. Wie wäre es da mit einfachen Rezeptideen, z. B. ein Aufstrich aus Quark, Brunnenkresse und Schnittlauch? Oder einem Gurkensalat mit einer Würze aus Brunnenkresseblättern? Sehr gut ist auch ein Brunnenkresse-Dressing mit Joghurt, saurer Sahne, etwas Zitronensaft, Salz und Pfeffer.

Leckeres von der Kräuterspirale

Eine Kräuterspirale (Kräuterschnecke) ist aus Steinen in Schneckenform so aufgeschichtet, dass viele Kräuter auf kleinstem Raum einen Platz mit den für sie passenden Boden- und Lichtverhältnissen finden. Das beliebte Gestaltungselement passt auch in »ordentliche« Gärten und ersetzt das übliche Kräuterbeet.

- Oregano, Ysop, Lavendel, Thymian und Staudenbohnenkraut lieben die **Sonne** und finden deshalb hoch oben in südlicher Richtung einen Platz. Kurzzeitige Trockenheit macht ihnen nichts aus.
- Schnittlauch, Liebstock, Petersilie und die aromatische Zitronenmelisse kommen mit **halbschattigen Bedingungen** zurecht,
- während Brunnenkresse, Baldrian, Fieberklee und die so beliebten Minzearten nasse Verhältnisse brauchen.

Sie lassen sich leicht am Fuße des Bauwerks und dort wo die Sonne scheint, mit einer eingesenkten größeren Schale, einem kleinen Fertigteich oder aus Folie schaffen. Mit der Folie sind unregelmäßige Formen und auch Tiefen möglich, was zum Stil einer Kräuterspirale passt.

Eine Kräuterspirale beherbergt auf kleinstem Raum eine Vielzahl von Kräutern, solche für trockene Stellen und solche, die im Wasser gedeihen (wie Brunnenkresse oder Minzearten).

Moor mit schmackhaften Beeren

Steht mehr Platz zur Verfügung, bietet ein Moorbeet weitere interessante Varianten. In nordamerikanischen Mooren sind die Kulturheidelbeeren zu Hause, auch Kulturpreiselbeeren und die nahestehenden Cranberrys. Im normalen Garten sind sie nur mit Schwierigkeiten zu kultivieren.

Saurer Boden, viel **Feuchtigkeit** und dazu noch volle **Sonne** sind ihre Ansprüche. Heidelbeeren und Preiselbeeren sind hübsche Ziersträucher mit einer üppigen Blüte im Frühjahr und blauen, süßen oder feuerroten Früchten. Hinzu kommt bei den Blaubeeren eine leuchtend rote Färbung des herbstlichen Laubes. Bei den bodendeckenden Preiselbeeren ist das Blattwerk immergrün.

Dem Zier-Obstgarten im Moor kann man noch Himbeeren und die länglichen süßen Taybeeren hinzufügen sowie als Bodendecker aromatische Walderdbeeren. Damit gibt es Dauerernten vom Sommer (Heidelbeeren) über Herbst (Himbeeren) bis zum Winter (Preiselbeeren, Cranberries). Alle kommen mit saurem Torf- oder Waldhumusboden gut zurecht. Besonders einfach zu kultivieren und noch dazu im aktuellen Trend liegen die leckeren säuerlich schmeckenden Cranberries. Die bodendeckenden Sumpfpflanzen gedeihen sowohl am nassen Wasserrand als auch in weit trockeneren Gefäßen. Die Erntezeit erstreckt sich vom Spätherbst bis zum März, sogar bei Schnee und Eis kann man sie aus dem Freiland ernten. Die substanzreichen roten rundlichen, ca. 1 cm langen Früchte halten sich im Kühlschrank monatelang. Sie sind mit Zucker als Zugabe genießbar und erinnern im Geschmack an Rhabarber.

Pflanzvorschlag

Moorbeet mit Nutzcharakter

Fläche 5 × 3 m, vollsonnig gelegen

1. 5 Kulturheidelbeeren *(Vaccinium corymbosum* 'Bluecrop')
2. 5 Rotfrüchtige Heidelbeeren *(Vaccinium parviflorum)*
3. 15 Kulturpreiselbeeren *(Vaccinium vitis-idaea* 'Koralle')
4. 15 Zwergpreiselbeeren *(Vaccinium vitis-idaea* 'Minus')
5. 10 Cranberries *(Vaccinium macrocarpon)*
6. 10 Himbeeren 'Autumn Bliss'
7. 3 Rippenfarne *(Blechnum spicant)*
8. 20 Walderdbeeren *(Fragaria vesca)*

Ein Moorbeet mit Raritäten

Klein aber fein – so kann ein Moorbeet sein. Oft passt es in größeren Gärten nirgends hin, geht als Anhängsel eines Gartenteichs unter oder ist im Sumpfgebiet immer in Gefahr, bei starkem Regen überschwämmt zu werden und damit seine speziellen, extra sauren Verhältnisse zu verlieren. Mit einem gesonderten Moorbeet – aus Folie gebaut oder in einem Fertigteich angelegt, kann man die richtigen Bedingungen schaffen, in denen fleischfressende Pflanzen *(Carnivoren)* wie Fettkraut *(Pinguicula vulgaris)*, Sonnentau *(Drosera rotundifolia)* oder die seltsam aussehenden Schlauchpflanzen *(Sarracenia flava, S. purpurea, S. alata)* gedeihen, von denen es neben frostempfindlichen Arten aus Florida auch kanadische winterharte Arten gibt.

Moorpflanzen sind von jeher besonders reizvoll. Die karge Vegetation in verlandenden Teichen, Sümpfen und in Mooren hat botanische Schätze hervorgebracht, die das Hinsehen lohnen.

Nicht alle sind so prächtig wie der heimische blaue Lungenenzian *(Gentiana pneumonanthe)*, heimische Orchideen wie Knabenkraut *(Dactylorhiza majalis)*, Kulturarten wie *Dactylorhiza*-Hybriden oder das silbrig-weiße Wollgras *(Eriophyllum)*, das im Frühling auffällig blüht.

Der richtige Boden

Er ist für das Gedeihen dieser exklusiven Pflanzengesellschaft entscheidend wichtig. **Extrem nährstoffarm** und so **sauer** wie verdünnter Essig muss das Substrat sein. **Fasertorf** ohne jeden Dünger oder Kalk und mit einem pH-Wert von 4,5–5 ist zum Befüllen des kleinen Beetes gerade richtig. Torf mit solchen Qualitäten gibt es problemlos zu kaufen. Wichtig ist jedoch, dass auch später keine Nährstoffe von umliegenden Beeten oder über das Wasser in dieses Substrat gelangen.

Getrennte Verhältnisse

Ganz gleich, ob Sie das Moorbeet in einem kalkhaltigen oder sandigen Boden anlegen: Ein gesondertes Behältnis mit einem Rand, der über die Umgebung ragt, ist für ein Moorbeet wichtig. Sie können dazu einen **Brunnenring** verwenden, der mit Folie ausgeschlagen wird, einen formschönen **Fertigteich** oder ganz einfach eine **Folie**.

Graben Sie hierfür eine genügend große und 30–50 cm tiefe Teichmulde, kleiden Sie sie mit einer Teichfolie aus und füllen Sie alles mit reinem Torf. Falls weiches Wasser zur Verfügung

Der Rundblättrige Sonnentau gehört zu den heimischen »fleischfressenden« Moorbeetpflanzen.

TIPP

Knabenkraut gibt es in Gärtnereien oder sogar im Versandhandel aus kulitivierten Beständen, teilweise sogar Sorten davon. Das Entnehmen aus der Natur ist strengstens verboten.

steht oder Regenwasser aus der Sammeltonne, kann eine schwache Pumpe dazu eine Quelle in Betrieb setzen.

In einem solchen kleinen Umfeld, an einer sonnigen Stelle gelegen, werden sich die Moorraritäten besonders wohlfühlen. Legen Sie das Moorbeet an einer Stelle an, wo Sie den Insektenfang durch die Überlebenskünstler gut beobachten können.

Moorbeetpflanzen

Die meisten Moorbeetpflanzen vertragen Sonne, genügend Feuchtigkeit vorausgesetzt, jedoch keinen intensiven Schatten. Das Moorbeet kann isoliert dastehen oder in einem Gartenteich eingefügt werden. Noch besser, wenn es sich eine passende Pflanzengemeinschaft aus Rhododendren, Kiefern, Stauden, Bodendeckern, Gräsern und Farnen einfügen kann.

Im sauren Moorboden fühlen sich übrigens viele der schönsten **Gartenpflanzen** wohl: Immergrüne wie Rhododendren, Stechpalme *(Ilex),* Lavendelheide *(Pieris),* Lorbeerrosen *(Kalmia),* Gaultherien, Torfmyrte *(Pernettya),* Preiselbeeren, Skimmien, Strauchveronika, Heidekräuter *(Calluna* und *Erica),* Azaleen,

Auch die Schlauchpflanzen *(Sarracenia)* bessern ihren kargen Speisezettel mit Mücken und Kleininsekten auf. Eine ungewöhnliche Zierde auf dem Gartentisch!

Die Sibirische Iris blüht üppig sowohl im Sumpf als auch am Teichrand auf einem normal feuchtem Boden.

die vielen Farne und Ziergräser. Besondere Attraktionen sind der Himalaya-Mohn *(Meconopsis)* und die »fleischfressenden« Schlauchpflanzen *(Sarracenia)*, von denen verschiedene frostharte Hybriden und Arten auch bei uns gedeihen. Ihre aufrecht stehenden kannenförmigen Fangorgane sehen prächtig aus und können bis zu 30 cm Höhe erreichen.

Hinzu kommen **einheimische Gehölze** wie Zwergbirke *(Betula nana)*, Weiden, Erlen und **Sumpf- und Wasserpflanzen** wie die leuchtendgelbe Wasseriris *(Iris pseudacorus)*, die blaue Sibirische Iris *(Iris sibirica)*, der seltene Porst *(Ledum palustre)*, Blutweiderich *(Lythrum salicaria)*, Rohrkolben *(Typha-*Arten) und Fieberklee *(Menyanthes trifoliata)*.

Pflanzvorschlag

Moorbeet in einem Fertigteich

Fertigteich Länge 200 cm, Tiefe 50 cm, gefüllt mit feuchtem Torf.

① 5 Fettkräuter *(Pinguicula vulgaris)*
② 1 Porst *(Ledum palustre)*
③ 3 Lungenenzian *(Gentiana pneumonanthe)*
④ 5 Knabenkraut-Orchideen *(Dactylorhiza maculata)*
⑤ 5 Sonnentau *(Drosera rotundifolia)*
⑥ 5 Sonnentau *(Drosera intermedia)*
⑦ 10 Sumpf-Vergissmeinnicht *(Myosotis palustris)*
⑧ 3 Schlauchpflanzen *(Sarracenia purpurea)*
⑨ 1 Fieberklee *(Menyanthes trifoliata)*

Moorbeetpflanzen

Deutscher Name	Botan. Name	Blütezeit	Farbe	Höhe cm	Bemerkungen
Insektenfressende Pflanzen					
Fettkraut	*Pinguicula vulgaris*	Mai–Sep.	rosa	15	klebrige Blätter
Schlauchpflanze	*Sarracenia purpurea*	Mai–Sep.	grün–rot	30	winterhart
Sonnentau	*Drosera rotundifolia*	Mai–Sep.	weiß–rosa	10	klebrige Tentakeln
Nicht insektenfressende Pflanzen					
Besenheide	*Calluna vulgaris*	Aug.–Sep.	violett	25	Rückschnitt im Herbst
Fieberklee	*Menyanthes trifoliata*	April–Mai	weiß	25	braucht Platz
Glockenheide	*Erica tetralix*	Juni–Sep.	rosa	20	braucht Sonne
Knabenkraut	*Dactylorhiza maculata*	Mai–Juni	dunkelrosa	30	Orchidee
Lungenenzian	*Gentiana pneumonanthe*	Juli–Sep.	blau	30	attraktiv
Moosbeere	*Vaccinium oxycoccos*	Juni–Sep.	rosa	20	rankende Triebe
Porst	*Ledum palustre*	Mai–Juni	weiß	40	duftet
Preiselbeere	*Vaccinium vitis-idaea*	Aug.–Okt.	zartrosa	25	rote Beeren
Rosmarinheide	*Andromeda polifolia*	Mai–Aug.	rosa	25	keine Staunässe
Rippenfarn	*Blechnum spicant*	–	–	30	Schatten
Schaumkraut	*Cardamine pratensis*	April–Mai	zartrosa	30	keine Staunässe
Sumpfveilchen	*Viola palustris*	Mai–Juni	violett	10	Bodendecker
Wollgras	*Eriophorum angustifolium*	April–Mai	weiß	25	immer feucht

Insel im Teich

Mancher Teichbesitzer träumt von einer Insel im Teich. Wird sie gleich bei der Anlage ausmodelliert und mit der Teichfolie überzogen, stellt dies keine größeren Probleme. Achten Sie jedoch darauf, dass sie zur Pflege trockenen Fußes oder zumindest mit Gummistiefeln erreichbar sein muss, sie darf sich also nicht an einer tiefen Stelle befinden.

Eine **treibende Insel**, die mit einem Tau in ihrer Position gehalten wird, ist etwas für Bastler. Man braucht einen Rahmen, den man aus größeren 6–10 cm dicken **Styroporplatten** heraussägen oder zusammenfügen kann. Mit Teichfolie wird das Ganze umhüllt und mit Erdsubstrat aufgefüllt und bepflanzt. Für Pflegearbeiten lässt sich die Insel mittels Tau ans Ufer ziehen. Längst bietet auch der Versandhandel Modelle, die schon entsprechend ausgeformt sind und nur noch bepflanzt werden müssen. Schwimmkörper und Luftkammern sorgen für die Schwimmfähigkeit.

Beim Modellieren gilt es zu berücksichtigen, dass der schwimmende Wurzelraum für die dort vorgesehene Uferrand-Vegetation eine gewisse Tiefe braucht (ca. 20–30 cm).

TIPP

Steht ein größerer Teich zur Verfügung, können Sie aus einem mit Teicherde gefüllten Kasten eine Insel bauen, die entweder schwimmt oder fest auf Pfählen steht. Hierin lässt sich eine reizvolle Minilandschaft gestalten.

Treffen Sie für beide Lösungen Vorkehrungen, damit die Uferrandpflanzen auf der Insel nicht austrocknen. Hierfür sind Böschungs-Taschen aus Jutegewebe geeignet, die man nach Belieben mit Erde befüllen und bepflanzen kann. Sie saugen nach dem Kapillarsystem Wasser an und werden in kurzer Zeit von überhängenden Pflanzen wie Frauenmantel *(Alchemilla)* oder dem gelb blühenden und kriechend wachsenden Pfennigkraut *(Lysimachia nummularia)* überdeckt. Besonders reizvoll ist es, wenn die Insel noch einen Moorbereich enthält. Wenn Sie den Untergrund mit einem Vlies auslegen, saugt es genügend Wasser an.

Eine selbst gebaute Insel im Teich ist ungewöhnlich, aber reizvoll. Styroporplatten, Bretter und Folie waren hier die Baumaterialien.

Wasser im Wintergarten

Hotelanlagen, Badelandschaften, Cafes, Fitness- und Wellnesscenter, Fun-Parks und Gesundheitsoasen aller Art faszinieren ihre Besucher gern durch großzügige Innenraumbegrünung, wobei das Wasser eine wichtige Rolle spielt.

Wasserfälle schaffen eine traumhafte Tropenatmosphäre und rund um gemauerte Becken finden wir viele der gewohnten farbenprächtigen Zimmerpflanzen wieder. Im viel kleineren Wintergarten besteht meist ein Platzproblem, das sich allerdings bei frühzeitiger und geschickter Planung lösen lässt.

Ein Wasserfall sorgt für ein angenehmes Raumklima. Er ist ein idealer Feuchtigkeitsspender und reinigt zusätzlich die Luft.

Sind **ebenerdige Grundbeete** vorgesehen, kann man dort leicht bepflanzte Fertig- oder Folienteiche integrieren oder formschöne Keramikgefäße zwischen den Pflanzen versenken. Schnell werden sie sich zum Bestandteil der kleinen Urwaldlandschaft entwickeln.

Mehr Möglichkeiten bieten **erhöhte Beete** aus Mauerwerk, die mit Wasserspielen oder Miniwasserfällen kombiniert, interessante Hingucker ergeben. Stimmungsvoll wird es dann bei abendlicher Beleuchtung.

Wie Zimmerbrunnen verbessern Wasserglocken, Springbrunnen, Nebler und leise gluckernde Schaumsprudler die Luftfeuchtigkeit und machen den Aufenthalt zu einem entspannenden Erlebnis. Ein **nachträglicher Einbau** kann teuer werden, auch gibt es kaum größere Gefäße, in denen sich eine passende Pflanzenkombination unterbringen lässt. Die besten Erfahrungen haben wir mit einfachen **Wäschekörben** gemacht, die es in verschiedenen Größen gibt. Sie passen zu exotischen Rattanmöbeln aus Fernost und vermitteln Wohnatmosphäre.

Mit Folie ausgeschlagen, verbergen sie die stabilen Gefäße mit Wasserpflanzen und können auch noch rundum Zimmerpflanzen in Töpfen aufnehmen, so dass sich eine Minilandschaft ergibt. Stellt man die Körbe noch auf **Pflanzenroller,** kann man sie zum Säubern bequem hin- und herschieben. Eine weitere Möglichkeit sind pflegeleichte Designgefäße mit Einsätzen zur Kultur von Pflanzen (z. B. Lechuza-System).

In Billigländern gefertigte Gefäße aus Zink sehen häufig nur für kurze Zeit perfekt aus. Bei hoher Luftfeuchte und Verletzungen an Ecken und Kanten beginnen sie leicht zu rosten.

Schädlinge im Wintergarten

Verzichten Sie im Wintergarten auf Erde oder Pflanzsubstrate so weit es geht, denn sie bieten Schädlingen wie Asseln, Drahtwürmern, Schnecken, Fruchtfliegen, Trauermücken oder gar dem Dickmaulrüssler zahlreiche Verstecke und Brutstätten. Auch Moose und Unkräuter siedeln sich leicht an.

Die hygienischere Methode: Lassen Sie alle Pflanzen in ihren Gefäßen, so dass man sie leicht austauschen, umtopfen oder behandeln kann. Versenken Sie die Pflanzen in Tongranulat oder Blähtonkügelchen. Diese sterilen Materialien speichern in gewissem Maße Wasser und erhöhen die Luftfeuchtigkeit, was nicht nur Orchideen und Bromelien sondern allen Zimmerpflanzen gut bekommt.

Die richtige Temperatur

In einem Wohnwintergarten sind Temperaturen zwischen nachts 15 °C und tagsüber 20–25 °C angenehm und bekommen tropischen Pflanzen ausgezeichnet, denn dies entspricht den ganzjährig warmen Bedingungen in ihrer Heimat. Kombinieren Sie hier Birkenfeigen, Gummibäume oder Palmen im Hintergrund mit traumhaft schönen Seerosen, Zyperngras und Papyrus, Zimmercalla, Wasserhyazinthen und Wassermohn.

Kühle **frostfreie Wintergärten** sind bestens zum Überwintern von Wasserpflanzen geeignet, doch sie lassen kaum Wachstum zu. Für japanische Wasserspiele wie Tsukubai und Wasserschaukel kombiniert mit Azaleen, Bambus, Zwergkiefern und Primeln bieten sich hier ideale Gestaltungsmöglichkeiten.

Viele Regenwaldbewohner kommen mit erstaunlich wenig Licht zurecht. Soll es allerdings im Winter blühen, ist eine Zusatzbelichtung mit Pflanzenleuchten und Energiesparlampen angebracht. Halogenleuchtmittel eignen sich nur für Spots, nicht zum Wachsen. Zunehmend gibt es auch Lösungen mit Strom sparenden LED-Growing Lights für Pflanzen.

Auf einen Blick

- Ob rustikal oder mit eleganten Materialien – der Miniteich muss nicht aufwändig sein und kann sich auf wenige Gestaltungselemente beschränken.
- Soll die kleine Wasserlandschaft auf Dachgärten, Balkonen oder Terrassen entstehen, ist auf die nötige Tragfähigkeit zu achten. Wichtig: Entscheidend ist das Gewicht nach Dauerregen. Am besten werden die schwersten Gefäße in der Nähe tragender Mauern platziert, die leichten in der Mitte.
- Auch für Naschkatzen bieten Miniteiche gute Alternativen. Von der Brunnenkresse bis zu vitaminreichen Cranberries und Preiselbeeren kann man vom Sommer bis zum Herbst reichlich ernten.

Probleme rechtzeitig vermeiden

Was sagt der Vermieter?

Um Miniteiche aufzustellen, braucht man zwar keine Baugenehmigung, aber eine Abklärung mit dem Vermieter ist doch angebracht. Sind die Gefäße auf Balkonen oder Terrassen zu schwer oder erreichen sie als Gruppe aufgestellt ein zu hohes Gesamtgewicht, kann die Statik gefährdet sein. Immerhin tritt dieser Fall selten ein, denn das Gewicht von mehreren Personen ist beim Bau schon einkalkuliert. Dennoch sollten Sie Gruppen eher in Mauernähe gruppieren, nicht mitten auf der Fläche.

Informieren Sie sich bei Eigentumswohnungen, ob deren Satzung das Einverständnis der Mitbewohner erforderlich macht (zum Beispiel bei fest installierten oder gemauerten Miniteichen). Eine beachtliche Erleichterung bei der Einsparung von Gewicht bringen die oft federleichten Kunstfelsen und Gefäße, die aus Kunststoff bestehen. Beachten Sie auch die Form der Miniteiche: flacher ist besser und oft auch schöner, allzu viel Tiefe bedeutet zugleich auch mehr an Wasser und damit an Gewicht.

Bachlauf und Quelle in einem üppigen Staudenbeet. Das plätschernde Wasser reichert sich mit viel Sauerstoff an, was der Teich-Biologie gut bekommt.

Kindersichere Wasserspiele und Teiche

Käufliche Wasserspiele sind heute kindersicher konstruiert, das heißt der Wasservorrat und die Technik befinden sich unter einer Abdeckplatte, unsichtbar für den Betrachter. Dagegen haben offene Wasserbecken und Fertigteiche in den leicht zugänglichen Vorgärten nichts zu suchen, denn für Kleinkinder können schon Pfützen gefährlich werden. Stehen sie an anderer Stelle, kann man die Gefahrenquelle durch Auffüllen mit schönen Kieseln entschärfen oder dicht unter der Wasseroberfläche ein tragfähiges Baustahlgitter mit engen Maschen anbringen (gibt es fertig zu kaufen). Die Pflanzen wachsen hindurch, so dass man das Gitter kaum sieht. Sind die Kinder groß, kann man die Steine oder das Gitter wieder entfernen. Zäune ringsum müssen so gestaltet sein, dass sie den Kindern keinen Anreiz zum Überklettern bieten, also hoch genug und mit senkrechten Stäben. Wer eine Gefahrenquelle installiert, ist dafür verantwortlich, dass nichts passiert.

Eine kaum sichtbare Sicherung ist das Abdecken der Oberfläche mit engmaschigen Baustoffmatten. Wichtig: Fest verankern oder mit Steinen unterbauen.

Hilfe, der Teich läuft aus!

Nicht selten wird die Teichfolie beim Durchtreten eines spitzen Steins oder durch leichtfertigen Umgang mit Metallgeräten wie Spaten, Rechen oder Laubbesen verletzt. Deshalb nur Geräte aus Kunststoff verwenden.

Löcher in PVC-Folie können Sie so wie beim Fahrradschlauch flicken:

- Das Loch finden, gründlich von Schmutz säubern und mit Sandpapier aufrauen.
- Einen passenden Flicken aus Folie zuschneiden. Auch die schadhafte Folie aufrauen.

Blanke Folienränder müssen nicht sein. Böschungstaschen aus Jute lassen die Pflanzen den Rand überwuchern.

- Beiderseits Quellschweißmittel auftragen und einige Minuten antrocknen lassen.
- Beide Teile für 10 Minuten fest zusammendrücken (mit einem Sandsack oder Stein beschweren).

Damit der Teich kein Wasser verliert

Verliert der Teich ständig Wasser, ist der Rand falsch gestaltet. Führen Sie den Folienrand immer senkrecht nach oben. Den Rand nie mit Erde überdecken, sonst bildet der umgebende Boden eine Brücke und saugt wie ein Docht ständig Wasser aus dem Teich. Erst nachdem alle Gestaltungsarbeiten beendet sind, wird die Folie etwa 1 cm über Erdniveau und damit fast unsichtbar abgeschnitten. So bleibt das Wasser im Teich. Wurde die Folie dagegen in die Erde geleitet, entsteht eine Verbindung und das Wasser wird ins umliegende Erdreich gesogen.

Teichränder verbergen

Blanke, hässliche Folien- oder Fertigteichränder kann man mit Silikon oder Quellschweißmittel bestreichen und dicht mit Sand bestreuen. Natürlicher sehen sie auch aus, wenn man eine Böschungsmatte aus Jute darüber legt und im Erdreich verankert. Man kann das umweltfreundliche Gewebe mit Erde oder Torf füllen und mit Pfennigkraut bepflanzen. Schon kurz danach ist vom Untergrund nichts mehr zu sehen.

Fische – ja oder nein?

Fische zu beobachten macht Spaß, doch sie schaffen oder vergrößern auch die Probleme im Miniteich. Ihre Exkremente und Reste vom Futter erhöhen den Nährstoffgehalt im Wasser und bieten der Algenentwicklung damit beste Voraussetzungen. Erwärmt sich im Sommer das Wasser zu stark, wird ihnen schnell der lebensnotwendige Sauerstoff knapp. Und wo sollen sie frostfrei überwintern? Im Kelleraquarium, zusätzlich zu anderen Fischen, wird es bald zu eng. Weil ihr Anblick und die Bewegungen Freude machen, liebäugeln viele dennoch mit der Fischhaltung im Miniteich.

Verzichten Sie darauf, mehrere Arten zu halten und beschränken Sie sich auf eine Art. Je kleiner die Fische, desto mehr kann man unterbringen. Um den Lebensraum eines Fisches abzuschätzen, multipliziert man die Länge des Fisches mit 5 und erhält dann benötigte Wassermenge, zum Beispiel 10 cm × 5 = 50 Liter.

Schon daraus ergibt sich, dass ein Miniteich nur wenigen Goldfischen, Goldorfen oder Kardinalfischen ein Auskommen bietet. Gestalten Sie ihnen ein Versteck aus Steinen und vergessen Sie die Unterwasserpflanzen nicht, denn sie liefern stetig Sauerstoff und Schwimmblattpflanzen bremsen die Erwärmung.

Seien Sie sparsam mit der Fütterung. Nur was die Fische aufnehmen, bevor die überschüssigen Flocken nach einiger Zeit absinken, brauchen sie wirklich, alles andere belastet nur den Wasserhaushalt. Sobald die Temperaturen weniger als 12 °C erreichen, stellt man die Fütterung ein. Bevor Fröste auftreten, die Tiere im Gegensatz zu Pflanzen im Miniteich nicht überstehen würden, bringt man sie in einen kühlen, frostfreien, hellen Keller zum Überwintern. Am wenigsten Probleme bereiten Goldfische, sie benötigen keine aufwändige Technik. Ganz anders verhalten sich ihre nahen Verwandten, die prächtigen Koi.

Leider sind sie besonders empfindlich und brauchen spezielle Verhältnisse.

Fische sind reizvoll, aber in sehr kleinen Gefäßen problematisch. Vermeiden Sie zu viel Sonne (sonst wird der Sauerstoff knapp) und füttern Sie wenig.

Was tun gegen Algen und Schädlinge?

Viele Biotope haben im Sommer mit Algen zu kämpfen, doch nicht alle Arten sind wirklich problematisch. Vollständig entfernen lassen sie sich als Teil des natürlichen Recyclingsprozesses ohnehin nicht.

Schon bald nach der Neuanlage trübt sich das Wasser, Befürchtungen werden wach. Sie sind unbegründet, denn die anfängliche Vermehrung der winzigen **Grünalgen** verschwindet, sobald die vorhandenen Nährstoffe aufgebraucht sind und das Wasser klärt sich wieder. Ebenso sind **Mückenlarven** keine Gefahr, denn in klarem, sauberem Wasser können sie sich nicht ernähren und gehen ein.

Unangenehmer sind die dunkelgrünen **Fadenalgen**. Sie wuchern schon ab Ende März, bedecken im Sommer mitunter in dicken Teppichen die Oberfläche und ersticken andere Wasserpflanzen. Kurzfristig hilft das Herausfischen mit der Hand, bei größeren Becken ein Kescher oder Kunststoff-Laubbesen. Wer langsam und vorsichtig daran zieht, kann mitunter das ganze Netz der Algenpflanze an Land ziehen.

Fadenalgen im Gefäß treten bei zu viel Nährstoffangebot auf, lassen sich aber leicht entfernen.

Langfristig gilt es, den **Kalk- und Phosphorgehalt** abzusenken. Überprüfen Sie den **pH-Wert** (Test-Sets gibt es im Fachhandel) und senken Sie notfalls den Kalkgehalt durch Schwarztorf, der in Netzen in den Teich gehängt wird. 1 Beutel reicht für ca. 5000 Liter Wasser. Ein zu reiches **Nährstoffangebot** kann man senken durch Auskleidung des Teich- oder Bachbodens mit Zeolith, einem porösen, natürlichen Mineral, das stickstoffzehrenden Bakterien ideal als Behausung dient. Verzicht auf **Fischhaltung**, Entfernen der **Pflanzenreste** im Herbst, **Laubschutzgitter** und Verzicht auf **Düngen** der Wasserpflanzen sind weitere Maßnahmen. Sorgen Sie für **kühleres Wasser** und mehr **Beschattung,** zum Beispiel durch Schwimmpflanzen wie Wasserhyazinthen, Froschbiss, Wassernuss und Wassersalat. **Kaulquappen, Wasserflöhe** (Daphnien) und **Posthornschnecken** ernähren sich von **Algen**. Konkurrenz erhalten Algen durch **Unterwasserpflanzen**.

Nicht zu vergessen sind **Trockenbakterien,** die wie ein Kompoststarter auf natürlichem Wege die Nährstoffreduzierung beschleunigen.

Sofortige Wirkung erzielt man durch algenbekämpfende Teichpflegemittel. Das schafft erst einmal Luft, löst aber nicht die Ursachen. Abgestorbene Algen sinken nämlich zu Boden und damit ist das Übermaß an Nährstoffen erneut im Teich.

Seerosen schützen

Zerfressene Blätter mit vielen unregelmäßigen Löchern sind das Werk des **Seerosen-Käfers.** Man findet die rosa Larven an der Blattunterseite. Auch der **Seerosenzünsler** (eine Motte) schadet oft stark durch gebuchtetet ausgeschnittenen Lochfraß. Man kann die Blätter abwischen und die Larven oder Raupen entfernen. Spitzschlammschnecken können jungen Pflanzen gefährlich werden. Alle lassen sich nur durch Absammeln oder indirekt über ein reiches Leben im Teich mit Kaulquappen und Libellenlarven bekämpfen.

Der Miniteich im Winter

Alle nicht frostbeständigen Pflanzen wie Wasserhyazinthe, Wassersalat, Papyrus, Zyperngras, Wasserähre oder tropische Seerosen müssen in ein **frostfreies Quartier** gebracht werden. Ist nicht genug Platz vorhanden, kann man sie dichtgedrängt in wasserdichten Balkonkästen platzieren und bei 10–12 °C an einem hellen Platz aufstellen.

Auch **Pumpen** werden abgehängt, entleert, gereinigt und frostfrei in einem gefüllten Eimer aufbewahrt.

Die **heimischen Sumpf- und Wasserpflanzen** sind winterhart. Schneiden Sie die Stängel von **Gräsern** und **Stauden** erst im Frühjahr bodengleich ab, denn in ihnen finden manche Insekten Schutz. Hier findet auch bei Frost ein langsamer Gasaustausch statt, giftiges Methangas, durch Rotteprozesse im Wasser entstanden, kann entweichen und frischer Sauerstoff dringt ein. Außerdem bieten die filigranen Reste des Sommerflors mit ihren Samen Nahrung für die Vögel.

Achten Sie auf die **Gefäße,** denn nur solche aus Metall sind frostbeständig. Holz- und Kunststoffkübel sollten schräge Wände haben, dann bieten sie dem **Eisdruck** keinen Widerstand. Keramikgefäße kann man entweder entleeren und 30 cm dick mit Laub abdecken oder sicherheitshalber in ein helles frostfreies Winterquartier holen.

Wasserlandschaft im Winter. Wichtig: Wasserleitung abstellen und Gefäße entleeren.

Adressen, die Ihnen weiterhelfen

Material und Technik

Gardena GmbH
Licht- und Gartentechnik
Hans-Lorenser-Str. 40
89079 Ulm
www.gardena.com

G+F Gartenteiche GmbH
Erlenstr. 2
48485 Neuenkirchen
www.teichvertrieb.de

H&F Service GbR
Schäferei 9 B
16833 Fehrbellin
www. teichcenter-fehrbellin.de

Heissner GmbH
Gartentechnik
Schlitzer Str. 24
36341 Lauterbach
www.heissner.de

Holzum GmbH
Teichzubehör, Versand
Empeler Straße 91
46459 Rees
www.holzum.de

JBL GmbH & Co. KG
Aquaristik
Dieselstr. 3
67141 Neuhofen
www. jbl.de

Naturagart
Riesenbecker Str. 63
49479 Ibbenbüren-Dörenthe
www.naturagart.com

Neudorff GmbH KG
Teichpflegeprodukte
Postfach 1209
31857 Emmerthal
www.neudorff.de

OASE GmbH
Postfach 2069
48469 Hörstel
www.oase-livingwater.com

Re-natur GmbH
Charles Ross-Weg 24
24601 Ruhwinkel
www.re-natur.de

Rottenecker Ambiente GmbH
Bronze-Wasserspiele
77749 Hohberg
www.rottenecker.de

Schleitzers Erlebnisgarten
Enterstr. 23
80999 München-Allach
www.schleitzer.de

Söll GmbH
Teichpflegemittel
Fuhrmannstr. 6
95030 Hof
www.soelltec.de

Ubbink Garten GmbH
Teichtechnik
Eduard-Suling-Str. 17
28217 Bremen
www.outsideliving.com

Österreich

R. Weixler KEG
Wassergärten
Aichbergstraße 48
A-4600 Wels
www.weixler.at

Schweiz

Ernst Meier AG
Garten-Center, Garten-gestaltung
Kreuzstr. 2
CH-8635 Dürnten ZH
www.meier-ag.ch

Teichbau Dieterich GmbH
Sonnenwiesenstr. 8a
CH-8280 Kreuzlingen
www.teichbau.ch

Wyss GartenHaus
Gartenstrasse 32
CH-4528 Zuchwil SO
www.wyssgarten.ch

Pflanzen und Zubehör

H. Bollerhey
Wasserpflanzen
Eichenberger Str. 19 a
34233 Fuldatal-Rothwesten
www.bollerhey.de

Dehner
Gartencenter-Zentrale
86640 Rain/Lech
www.dehner.de

Dieter Gaissmayer
Staudengärtnerei
Jungviehweide 3
892567 Illertissen
www.gaissmayer.de

Gärtnerei Germann
Wasserpflanzen
Rübsamenwühl 22
67346 Speyer
www.gaertnerei-germann.de

Aquarium Ingeborg Harster
Wasserpflanzen, Zierfische, Technik
Auestr. 10
67346 Speier
www.aquarium-harster.de

Teigbauzentrum Thüringen
Wassergarten Heim
Winne Hof 1a
98597 Breitungen
www.teichbau-zentrum.de

Erich Maier
Moorpflanzen, Freiland-Orchideen
Hansell 155
48341 Altenberge
www.erichmaier.de

Jörg Petrowski
Wasserpflanzen
Aschauteiche
29348 Eschede
www.seerosensorten.de

Gärtner Pötschke
Versandgärtnerei, Ambiente
Beuthener Str. 4
41561 Kaarst
www.poetschke.de

Karl Wachter KG
Wasserpflanzen
Rollbarg 24
25482 Appen-Etz

Stichwortverzeichnis

Ziffern mit * verweisen auf Hauptbegriffe

Bildnachweis

Jutta Adam/fotolia.com: 66r; Flora Press/Botanical Images: 69; Flora Press/Derek St. Romaine: 45; Flora Press/RHS: 60l; Flora Press/Visions: 66l; GBA/Nichols: 35r; Hecker: 48r, 68r; Pforr: 48l, 49, 51, 52, 53r, 55r, 56r, 60r; Reinhard: 8r, 9l, 10r, 12l, 13, 32, 34l, 36/37, 39, 53l, 54r, 55l, 57l, 69r, 72l, 75r, 105, 117, 119; Ruckszio: 57u; Sammer: 76; Sauer/Hecker: 46, 54l, 70; Stein: 11, 12r, 14, 15, 17, 18, 19, 22r, 23, 24, 25, 30l, 31, 34r, 47, 50, 56l, 58l, 61l, 62r, 64, 65, 69l, 71, 73, 74, 75r, 77l, 78, 79, 82, 84, 99, 100, 102, 103, 106r, 109, 110, 114, 115, 116; Strauß: 1, 2/3, 8l, 9r, 10l, 20, 21, 22l, 26, 28/29, 33, 38, 43, 58r, 59, 61r, 62l, 66l, 67, 72r, 77r, 80/81, 83, 85, 98, 106l, 112/113, 118; wikipedia: 68l. Grafiken: Heidi Janicĕk

Über den Autor

Siegfried Stein, Diplomingenieur für Gartenbau, ist bekannt als Journalist und langjähriger Autor beim BLV Buchverlag München. Er verfügt über eine reiche Erfahrung im Profi- und Hobbygartenbau und hegt eine besondere Vorliebe für Wassergärten. Aus eigener Praxis kennt er sich aus mit der Anlage, mit Materialien, Technik und Pflanzen. In seinem großen norddeutschen Garten verwirklicht er ständig neue Ideen und berichtet darüber in Zeitschriften und zahlreichen Büchern in Deutschland, Österreich und in der Schweiz.

Impressum

Ein Unternehmen der
GANSKE VERLAGSGRUPPE

Umschlagkonzeption und -gestaltung:
BLV-Verlag
Umschlagfotos:
Titelbild: Flora Press/Redeleit & Junker/
N. Niehoff
Rückseite: Strauß

Redaktion: Redaktionsbüro Wolfgang Funke, Augsburg, Rita Meixner
Layoutkonzept Innenteil: griesbeckdesign, Dorothee Griesbeck, München
Herstellung und DTP: Angelika Tröger
Druck und Bindung: Livonia Print, Lettland

Gedruckt auf chlorfrei gebleichtem Papier

ISBN 978-3-8354-1569-0
4. Auflage 2021

Hinweis

Das vorliegende Buch wurde sorgfältig erarbeitet. Dennoch erfolgen alle Angaben ohne Gewähr. Weder Autorin noch Verlag können für eventuelle Nachteile oder Schäden, die aus den im Buch vorgestellten Informationen resultieren, eine Haftung übernehmen.